LOS ROMANCES HISPÁNICOS CONTENIDOS EN *EL INGENIOSO HIDALGO DON QUIJOTE DE LA MANCHA*

Colección dirigida por

LUIS IGNACIO LARCADA

JORGE A. SILVEIRA Y MONTES DE OCA

LOS ROMANCES HISPÁNICOS CONTENIDOS EN *EL INGENIOSO HIDALGO DON QUIJOTE DE LA MANCHA*

Editorial ARCOS
INTERDISCIPLINAR

Primera edición: diciembre, 1987

Viñeta de Encarna Arnal

I.S.B.N.: 0-937509-02-7
Library of Congress Catalog Number: 87-083312

IMPRESO EN ESPAÑA
PRINTED IN SPAIN

I.S.B.N.: 84-599-2196-4 DEPÓSITO LEGAL: V. 2.755 - 1987
ARTES GRÁFICAS SOLER, S. A. - LA OLIVERETA, 28 - 46018 VALENCIA - 1987

ÍNDICE

A la memoria de mi padre
Miguel Ángel Silveira y Miranda

PREFACIO

UNA constante en la literatura española desde sus primeros tiempos es su predilección por motivos populares y folclóricos. Esta predilección perdura en las épocas de mayor cultura libresca, hasta el punto de que suelen convivir íntimamente en el mismo autor –y en su obra–, la tradición popular y la tradición culta. Ejemplifican dicha simbiosis casi todos los grandes escritores españoles de Berceo a García Lorca, pero sobre todo el más español y el más universal, don Miguel de Cervantes Saavedra.

Nunca dejarán de fascinar a los estudiosos de la literatura española las influencias que combinaron para producir la primera novela moderna y la que más ha inspirado a muchas generaciones de escritores y lectores. Tampoco se agotará jamás la riqueza de elementos que entran en la composición de *Don Quijote de la Mancha* y en la personalidad de Cervantes.

El autor de estas páginas pretende hacer una contribución más a la comprensión de la mayor producción literaria española del Siglo de Oro –y de todos los tiempos–, enfocando de una manera especial y más completa la influencia del romance tradicional en el *Quijote.*

Gracias a una subvención generosa de Hampden-Sydney College, que facilitó en repetidas ocasiones ayuda económica además del empleo de computadoras electrónicas, y a la cooperación del doctor Ray A. Gaskins, fue posible organizar un catálogo completo de nombres incluidos en el gran *Romancero general* de don Agustín Durán contenido en la Biblioteca de Autores Españoles. Utilizando dicho catálogo ha sido posible, por primera vez en la historia de las investigaciones cervantinas, descubrir y comentar la presencia total del romancero en el *Quijote.*

Deseo expresar mi agradecimiento al Profesor Sterling A. Stoudemire, maestro cervantista por excelencia y amigo, en cuyas clases recibí la inspiración inicial para emprender esta investigación. A los profesores María Antonia Salgado y Lawrence A. Sharpe dejo aquí constancia de mi gratitud. Fue la doctora Salgado quien dirigió mi tesis de Maestro de Artes que trataba precisamente de otro aspecto del romance tradicional en lengua castellana ("Supervivencia de los romances tradicionales españoles en Cuba, Santo Domingo y Puerto Rico").

INTRODUCCIÓN

La obra literaria de Cervantes, y sobre todo su obra maestra el *Quijote,* demuestra un profundo conocimiento de la literatura patria y extranjera. A cada paso se tropieza con referencias, citas o nombres que se refieren a todos los géneros en boga en el Siglo de Oro: comedia, novela en sus varias manifestaciones (caballeresca, pastoril y picaresca), poesía lírica y narrativa, como también historia y la literatura de exploración. En la mayor parte de estos géneros el autor rompió lanzas con éxito relativo algunas veces y otras con extraordinario resultado. Cervantes no sólo se ve influenciado por las formas literarias a que aludimos, sino que –al propio tiempo–, produce crítica muy acertada e historia literaria de superior calidad. Todo esto se aprecia en su obra, pero especialmente en varios pasajes del *Quijote,* en el prólogo a sus *Ocho comedias y ocho entremeses nuevos nunca representados,* [1] publicados en 1615 o sea el mismo año en que aparece la Segunda Parte del *Quijote,* y en el *Viaje del Parnaso.* En esta última obra se nombran aproximadamente ciento cuarenta escritores españoles, principalmente contemporáneos de Cervantes.

No hace falta más que enumerar las obras principales de Cervantes para darse cuenta de su conocimiento de los géneros literarios más populares de su época. Esto sin fijarse en los títulos, autores y personajes que se citan constantemente.

---

[1] Miguel de Cervantes Saavedra, *Obras completas.* Ed. por Ángel Valbuena Prat (Madrid: Aguilar, 1960), págs. 179-180.

Considerando específicamente el *Quijote,* hay abundantísimas referencias a casi todos los géneros literarios contemporáneos y hasta los que se pudieran llamar ensayos críticos (como por ejemplo el "donoso escrutinio que el Cura y el Barbero hicieron en la librería de nuestro ingenioso hidalgo", Capítulo VI de la Parte Primera).

Los libros de caballerías, según prueba el "escrutinio", donde se enumeran y describen títulos como el de *Los cuatro [libros] de Amadís,* que según Cervantes fue "el primero de caballerías que se imprimió en España", las *Sergas de Esplandián,* el *Amadís de Grecia,* el *Don Olivante de Laura,* el *Florismarte de Hircania, El Caballero Platir, El caballero de la Cruz,* el *Espejo de caballerías,* el *Bernardo del Carpio,* el *Roncesvalles,* el *Palmerín de Oliva* y el *Palmerín de Inglaterra,* el primero duramente juzgado por el Cura, la *Historia del famoso caballero Tirante el Blanco,* tan encomiásticamente alabado por Cervantes, considerándole "el mejor libro del mundo", y cuya influencia es notoria en el *Quijote,* eran bien conocidos del novelista –todavía se respeta el juicio crítico de nuestro autor–, y además, hay que considerar que el *Quijote* no es más ni menos que la mejor novela caballeresca de todos los tiempos. A todo esto hay que añadir pasajes en que Cervantes se complace en parodiar episodios traídos de otras novelas, como sucede en el de la Sierra Morena cuando imita a Amadís, Capítulo XXV, Parte Primera, en la misma forma que éste hiciera en la Peña Pobre bajo el nombre de Beltenebros.

Las novelas pastoriles también atraían a Cervantes, quien se inició con una novela bucólica, *La Galatea,* primera obra de grandes dimensiones de la que el autor se sentía orgulloso, según lo atestigua el propio autor en el antes mencionado "escrutinio", cuando expresa:

> –*La Galatea* de Miguel de Cervantes– dijo el Barbero.
>
> –Muchos años ha que es grande amigo mío ese Cervantes, y sé que es más versado en desdichas que en versos. Su libro tiene algo de buena invención; propone algo, y no concluye nada: es menester esperar la segunda parte que promete; quizá con la enmienda alcanzará del todo la misericordia que ahora se le niega; y entre tanto que esto se ve, tenedle recluso en vuestra posada.
>
> –Señor compadre, que me place –respondió el Barbero.

Pero antes ya había mencionado, porque las conocía, otras novelas pastoriles como *La Diana* de Jorge de Montemayor, *La*

Diana del salmantino Alonso Pérez, la *Diana enamorada* de Gaspar Gil Polo, *Los diez libros de Fortuna de amor,* escrita por Antonio de Lofraso, que Cervantes critica con tanta compasión, *El Pastor de Iberia* de Bernardo de la Vega, *Ninfas de Henares* por Bernardo González de Bobadilla, *Desengaños de celos* de Bartolomé López de Enciso y la novela *El Pastor de Fílida* de Luis Gálvez de Montalvo.

El novelista relaciona siempre lo pastoril con lo caballeresco a través de su obra capital, donde se deja entrever, como música de fondo, en casi todo el *Quijote,* en general, al ambientar sus pasajes. De modo muy particular, en el episodio de los cabreros del Capítulo XI, Primera Parte, donde Cervantes presenta al lector una escena bucólica real, cuando don Quijote y Sancho se encuentran con un grupo de cabreros que les invitan a comer su rústica comida, tal y como debía ser en aquellos tiempos la vida del campo. También se observa ese fenómeno en el episodio de Marcela y Grisóstomo en los Capítulos XIII y XIV de la Primera Parte, episodio cuyo personaje femenino, según la acertada opinión de Margot Arce Blanco, en su artículo "Garcilaso de la Vega. Contribución al estudio de la lírica española del siglo XVI", guarda estrecha relación con Camila, la pastora de la "Égloga II", de Garcilaso de la Vega.[2] Las bodas de Camacho, en los Capítulos XX y XXI de la Segunda Parte, se desarrollan en el más hermoso ambiente campestre, donde Cervantes hace resaltar las costumbres campesinas en lo que respecta a las celebraciones de desposorios. Por último, para no hacer interminable esta explicación, el pasaje de la "nueva y pastoril Arcadia", del Capítulo LVIII de la Parte Segunda, en el que el autor expone al lector un grupo de hombres, mujeres y niños que se organizaban para representar dos églogas, una de Garcilaso y otra de Camões, aprovechándose del contenido de las mismas y la ambientación bucólica que les ofrecía el lugar.

El teatro, que también había sido una de las atracciones de Cervantes en sus años mozos, en cuya época produjo una de las más notables tragedias del teatro europeo, *El cerco de Numancia,* o *La destrucción de Numancia,* como la llama el autor en el prólogo a las *Ocho comedias y ocho entremeses...,* pero que se ve malogrado por los cambios introducidos por dramaturgos más jóvenes y con ideas

---

[2] *Revista de Filología Española,* Anejo, XIII. (1930).

nuevas, como sucede con Lope de Vega, se pone de manifiesto en el *Quijote*. Así se refiere al género en general (cf. la conversación entre el Cura y el Canónigo de Toledo en el Capítulo XLVIII de la Parte Primera), cuando en dicha conversación deja constancia del estado en que se hallaba el teatro del momento en boca del Canónigo, quien hablando de sus intenciones pasadas de escribir un libro de caballerías, le dice a su interlocutor:

> Pero lo que más me le quitó de las manos, y aun del pensamiento de acabarle, fue un argumento que hice conmigo mesmo, sacado de las comedias que ahora se representan, diciendo: "Si éstas que ahora se usan, así las imaginadas como las de historia, todas ó las más son conocidos disparates y cosas que no llevan pies ni cabeza, y, con todo eso, el vulgo las oye con gusto, y las tiene y las aprueba por buenas, estando tan lejos de serlo, y los autores que las componen, y los actores que las representan dicen que así las quiere el vulgo, y no de otra manera, y que las que llevan traza y siguen la fábula como el arte pide no sirven sino para cuatro discretos que las entienden, y todos los demás se quedan ayunos de entender su artificio, y que á ellos les está mejor ganar de comer con los muchos que no opinión con los pocos, deste modo vendrá á ser mi libro, al cabo de haberme quemado las cejas por guardar los preceptos referidos, y vendré á ser el sastre del cantillo. Y aunque algunas veces he procurado persuadir á los actores que se engañan en tener la opinión que tienen, y que más gente atraerán y más fama cobrarán representando comedias que sigan el arte que no con las disparatadas, ya están tan asidos y encorporados en su parecer, que no hay razón ni evidencia que dél los saque".

con lo cual realiza Cervantes, una vez más, como se ha dicho anteriormente, crítica literaria que aún hoy día se acepta; y, sobre los ***autos sacramentales,*** en particular (cf. el episodio de las "Cortes de la muerte", en el Capítulo XI de la Parte Segunda), en cuyo pasaje Cervantes no sólo hace una descripción de la organización del grupo teatral de Andrés de Angulo, empresario natural de Córdoba, según lo atestigua la docta explicación de Rodríguez Marín (II, ll: V, 206-207, nota número 22), sino que contiene la famosa línea que dice: "... aquella mujer, que es la del autor, va de Reina...". Esta declaración respecto de la esposa del autor (empresario), es importante porque en ella se da fe de la presencia de la mujer en la escena española, además del requisito exigido (o acostumbrado) de que tal actriz tenía que ser casada.

Pero si se observa fuera del *Quijote* en lo relativo al teatro, hay que mantener en mente el famoso prólogo de las *Ocho comedias y ocho entremeses,* ya mencionado, cuyo contenido crítico constituye uno de los documentos más importantes concernientes a la historia del teatro español, porque el mismo ofrece, al propio tiempo, una valiosa información acerca de los elementos escénicos disponibles al teatro de aquel momento, y una referencia, si no la más importante, al teatro de Lope de Rueda, el "primer hombre de teatro en España", como le llama Francisco Ruiz Ramón.

La novela picaresca también se relaciona en el *Quijote,* aunque en menor extensión. Pero sale a relucir en un pasaje inolvidable de la novela cervantina (Capítulo XXII de la Primera Parte). Se trata de la conversación sostenida entre don Quijote y Ginés de Pasamonte, cuando este último le menciona a don Quijote que ha escrito su autobiografía en un libro que en las palabras de este pícaro-galeote, "es tan bueno... que mal año para *Lazarillo de Tormes* y para todos cuantos de aquel género se han escrito o escribieren".

Poesías de todos tipos se mencionan y hay ejemplos de composiciones en verso esparcidas a través de la novela, aunque éstas tal vez no constituyan motivo de especial orgullo para el autor. Ya en el "escrutinio" había citado *cancioneros, églogas* y *poemas heroicos* (cf. *Tesoro de varias poesías* de Pedro de Padilla, *El cancionero de López Maldonado, La Araucana* de Alonso de Ercilla, *La Austríada* de Juan Rufo, *El Monserrate* de Cristóbal de Virués y *Las lágrimas de Angélica* de Luis Barahona de Soto). A Garcilaso, Camões y otros contemporáneos Cervantes tributa los mayores encomios. Cervantes tal vez fuera uno de los primeros en reconocer el mérito y el carácter ambiguo de la novela dramática por excelencia, *La Celestina,* cuando dice en los versos del Donoso dirigidos burlescamente a Sancho Panza: "libro en mi opinión divi-, / si encubriera más lo huma-." (Prólogo, Parte Primera). Pero la presencia de *La Celestina* en el *Quijote* no se limita a esta mención significativa pero corta, sino que, como hace resaltar Américo Castro en su edición del *Quijote*[3] al referirse a la disputa de

---

[3] Cervantes, *El ingenioso hidalgo don Quijote de la Mancha.* Ed. por Américo Castro (México: Editorial Porrúa, 1969), pág. xxix.

las dos prostitutas, Elicia y Areusa, sobre la belleza de Melibea que ha sido alabada por Sempronio, existe relación de dicho pasaje con el del yelmo de Mambrino, y dice al respecto:

> Las dos prostitutas necesitan la fealdad y cuerpo astroso de Melibea; Sempronio quiere que sea perfecto. A Celestina le tiene sin cuidado, porque su *preocupación* es muy otra. Por lo mismo, apacigua a sus comensales, y les amonesta: "Entendamos en lo que faze a nuestro caso". Melibea linda, Melibea horrenda, Melibea indiferente. ¿No es prodigioso? ¿No se vislumbra ya el esquema, o promorfo, del debate sin salida acerca del yelmo de Mambrino, bacía de barbero, baci-yelmo de indiferente conveniencia?

Los libros de historia o crónicas citados por Cervantes –es a veces difícil distinguir la historia del cuento–, tratan de personajes históricos como el Cid, el Gran Capitán y Diego García de Paredes, aunque éstos no dejen de ser al mismo tiempo figuras con rasgos semilegendarios.[4]

En cuanto a las literaturas clásicas y las modernas extranjeras (sobre todo la italiana) tampoco necesita el lector de gran perspicacia para observar el gran número de autores y títulos conocidos de Cervantes. En varios casos el propio autor llama directamente la atención del lector a influencias de este tipo en muchos pasajes del *Quijote,* al empezar con el prólogo de la Primera Parte.

A juzgar por evidencia interna (citas en latín, alusiones literarias, etc.), Cervantes dominaba la lengua latina, como era natural en una persona de cultura bastante inferior a la de Cervantes de aquella época. Esto viene confirmado por datos de la biografía del escritor. Si no se puede probar que Cervantes sabía leer griego, estarían a su disposición traducciones en latín o castellano de las obras más importantes de la literatura helénica.

Una selección de autores clásicos citados por Cervantes[5] resulta muy impresionante y demuestra por sí misma la variedad de lecturas

---

[4] El "censo" de personajes históricos y mitológicos en la edición de las *Obras completas* de Cervantes, editadas por Ángel Valbuena Prat, págs. 1766-1778, por su extensión revela la importancia de la historia, real y fingida, en la producción literaria cervantina.

[5] Cervantes, *Obras completas,* págs. 1794-1800.

de obras greco-romanas acumuladas por el mayor escritor hispánico: Aristóteles, Catón, Cicerón, Demóstenes, Esopo, Heliodoro, Homero, Horacio, Juvenal, Tito Livio, Lucano, Marcial, Ovidio, Persio, Platón, Plauto, Plinio, Plutarco, Séneca, Tácito, Virgilio, Xenofonte y Zoilo. Aunque algunos de estos autores se mencionan de una manera accidental sin indicar necesariamente profundo conocimiento de parte de Cervantes, ni tampoco es completa la lista.

Como ejemplos de autores modernos extranjeros podemos ver el "Censo de nombres citados" contenido en la edición de las *Obras completas*[6] de Cervantes preparada por Ángel Valbuena Prat: Pedro Aretino, Ariosto, Boyardo, Camões, Rodríguez Lobo, Petrarca, Marco Polo, Sannazaro, Luis Tansilo, Tasso, Micael Verino, Virgilio Polidoro y otros.

Entre los idiomas modernos el italiano sería el más conocido para Cervantes debido al tiempo que pasó en el ejército español en Italia. Acude a la memoria de cualquier lector asiduo del *Quijote* el episodio narrado en el Capítulo LXII de la Segunda Parte en que don Quijote da una pequeña "clase de traducción" explicando "Yo... sé algún tanto del toscano, y me precio de cantar algunas estancias de Ariosto".[7] Para demostrar sus conocimientos don Quijote traduce algunas palabras italianas *(piace, più, su* y *giù)* al castellano.

Dada la semejanza del portugués con el español es muy probable que Cervantes haya leído obras en aquella lengua, sobre todo si se acuerda de la referencia a Camões en el Capítulo LVII de la Parte Segunda. En dicho episodio un grupo de "zagalas" y "pastores" han estudiado y aprendido dos églogas, "una del famoso poeta Garcilaso, y otra del excelentísimo Camões, en su misma lengua portuguesa...".[8] A partir de la época de Gil Vicente era común en Portugal el bilingüismo y para un lector español de cierta cultura no tendría grandes misterios el idioma portugués.

---

[6] *Ibid.*

[7] Cervantes, *El ingenioso hidalgo don Quijote de la Mancha.* Editado por Francisco Rodríguez Marín, VIII ("Clásicos Castellanos", Madrid: Espasa-Calpe, 1964), 155. Las citas en este libro procedentes del *Quijote,* se refieren a esta edición de Rodríguez Marín. El primer número romano entre paréntesis al final de cada cita de cada uno de los capítulos o del Anexo "A", indica la parte del *Quijote;* el primer número arábigo indica el capítulo; el segundo número romano señala el tomo de la edición "Clásicos Castellanos", y el segundo número arábigo se refiere a las páginas.

[8] *Ibid.,* 63.

Si hubiera que clasificar a Cervantes como escritor "culto" o escritor "popular", la clasificación dependería necesariamente de la fase de la obra del autor y en muchos casos no dejaría de ser dudosa. Ciertas obras, y no las más importantes, serían más bien cultas. Otras, en primer lugar el *Quijote,* pero también los *Entremeses* y algunas *Novelas ejemplares,* a pesar de contener elementos derivados de la litertura culta, serían de tendencia popular.

Lo popular se representa en primer lugar por el refrán, usado constantemente por Sancho Panza, al principio de una manera inapropiada, casi como un aspecto automático del lenguaje del escudero. En varias ocasiones don Quijote critica el empleo de proverbios ensartados sin ton ni son, hasta tal punto que se puede decir que Cervantes llega a demostrar cierta maduración intelectual y moral de su personaje por el creciente comedimiento en el uso de los refranes en la última parte de la novela. Se han estudiado muchas veces los refranes en el *Quijote,* en notas editoriales o en estudios independientes. No es por casualidad que el gran comentarista cervantino, don Francisco Rodríguez Marín, sea también un coleccionador por excelencia de refranes, habiendo compilado varios imponentes tomo de ésta, la forma literaria más breve y más popular de todas.

Tampoco se le ha escapado a la atención de los comentaristas de la obra máxima de Cervantes la influencia de los romances. Éstos son la forma literaria narrativa de mayor influencia en el *Quijote,* después de los libros de caballerías, como es natural. Si la narración y el diálogo propios de la novela no permiten que se emplee el romance con la misma prolijidad que el refrán que, por su brevedad, se puede insertar en cualquier conversación de Sancho, sin embargo, se utiliza más de lo que se ha sospechado.

El refrán se cita *verbatim* o en una de sus variantes innumerables, y lo mismo acontece en el caso del romance algunas veces en diversos pasajes del *Quijote.* En la mayoría de los casos, empero, las alusiones a los romances son oblicuas o indirectas, y esta segunda forma de influencia es la que no se ha estudiado con profundidad hasta ahora.

No sería posible defender la importancia de los romances en el *Quijote* sin antes realizar el trabajo que nos proponemos, ya que los estudios llevados a cabo hasta el presente han quedado fuera de toda sistematización efectiva. Para ello se requería una exhaustiva investigación que abarcara los más simples y aislados elementos que se observan tanto en la novela cervantina como en el romancero. Si las citas de editores de la novela desde épocas tempranas se referían a los contactos entre ambas manifestaciones literarias, se limitaban a observaciones carentes de toda organización y proyección científicas.

Para lograr el propósito de este trabajo, o sea el de determinar la influencia vital y extraordinariamente notoria que ejercieron los romances hispánicos en la concepción y posterior elaboración de la obra maestra de don Miguel de Cervantes, hubo que partir de los orígenes del género. Ha sido necesario hacer un resumen general del romance, de su desarrollo, estructura, importancia independiente y como fuente de otros géneros literarios, su popularidad, tradicionalidad, clasificación (viejos y nuevos, históricos, carolingios, del ciclo Bretón, novelescos y líricos) y formas orales e impresas disponibles al autor. Y además, se ha necesitado hacer un cuidadoso estudio, basado en la novela cervantina, de cada uno de los elementos que de las distintas categorías de romances se hallan en dicha novela, siguiendo el orden en que los mismos van apareciendo en la obra de Cervantes.

Este estudio de los pasajes del *Quijote* en busca de relaciones con el romancero se hará, en lo posible, mediante el cotejo de la novela con los romances contenidos en el *Romancero general* de don Agustín Durán,[9] por ser la colección de romances más completa disponible. De esta manera será posible identificar dichos poemas fácilmente, y, al propio tiempo hará posible al lector cualquier tipo de investigación en relación con dos joyas de la literatura española, el *Quijote* y el romancero.

Como base esencial para este estudio comparativo del *Quijote* y el romancero –y esto es lo que ha faltado hasta ahora– ha sido necesario identificar todos los elementos romancescos en la novela. Para ello se han utilizado computadoras electrónicas[10] con el fin de

---

[9] Para este trabajo se utilizará la edición del *Romancero general* publicada por la Biblioteca de Autores Españoles (BAE), volúmenes X y XVI.

[10] El autor desea expresar nuevamente su agradecimiento al Profesor doctor Ray A. Gaskins del Departamento de Matemáticas de Hampden-Sydney College y a la Administración de la propia institución, por haberme facilitado el uso de las computadoras electrónicas y otros equipos. Aunque no se incluye el catálogo de

realizar completas concordancias toponímicas y onomásticas de los nombres contenidos en el *Romancero general* publicado por Durán. Dichas concordancias han permitido cotejar, sin posibilidad de errores, los pasajes narrados en los romances y los desarrollados en la novela de don Miguel de Cervantes.

En las páginas que siguen, se verá la interrelación del *Quijote* con el género literario popular más perdurable y más característico de España. Así quedará demostrado aún más el carácter esencialmente hispánico de Cervantes sin disminuir la universalidad del mayor autor de España. En esto consiste la genialidad de Cervantes y de su obra máxima.

---

nombres propios, muchos de los cuales no aparecen en el *Quijote,* este catálogo se ha publicado bajo el título de *Índice de Onomásticos y Toponímicos en el Romancero General de Agustín Durán* (Valencia: Albatros-Hispanófila, núm. 16, 1980).

Capítulo I

ROMANCES DISPONIBLES A DON MIGUEL DE CERVANTES

Antes de entrar a considerar individualmente aquellos romances o categorías de romances que sirvieron a don Miguel de Cervantes como fuente en la elaboración de algunos pasajes de *El ingenioso hidalgo don Quijote de la Mancha,* se hace necesario un estudio previo sobre lo que se entiende en la literatura por "romance", sus orígenes, clasificación, y la importancia del género dentro de la producción literaria de los Siglos de Oro de las letras españolas.

Por resultar difícil obtener una definición completa de estos poemas, tal vez se pueda cumplir este deseo mediante el uso de dos definiciones que se complementen entre sí.

Federico Carlos Sáinz de Robles ofrece una definición incompleta de dichos romances describiéndolos como "combinación métrica que consta de un número indeterminado de versos de igual medida, quedando los impares libres, y concertando con un mismo asonante los pares". [1]

El señor Sáinz de Robles nada dice acerca del número de sílabas que tienen los versos de los romances, pero se ocupa de dejar aclarada una de las características más sobresalientes de esos poemas cual es la irregularidad en el número de versos, resultante de la fragmentación de los poemas épicos que les dieron origen. Fragmentación ésta que será materia de discusión posterior cuando se trate de los orígenes del romancero.

---

[1] Federico Sáinz de Robles, *Ensayo de un diccionario de la literatura,* I (Madrid: Aguilar, 1949), 1113.

Julián Marías ayuda a redondear la definición, para él el romance es una "composición poética de origen anónimo-popular, genuinamente española, que presenta, en versos de ocho sílabas, rimando en asonantes los pares, temas narrativos procedentes de los cantares de gesta, o que expresa sentimientos de índole lírica".[2]

La palabra *romance*, utilizada específicamente para indicar este género poético, aparece mencionada por primera vez en la *Carta Proemio* que entre 1455 y 1458 dirigió el Marqués de Santillana, don Íñigo López de Mendoza, a don Pedro, Condestable de Portugal. En dicha carta, el Marqués se expresa en términos despectivos sobre los poetas que los componían. Sitúa Santillana a los romances en la última categoría en las que a su juicio hay que dividir poetas y poesías. Para el Marqués de Santillana los romances representan la más baja y vulgar de las manifestaciones poéticas.

> Infimos son aquellos que sin ningunt orden, regla, ni cuento, facen estos romances è cantares, de que la gente baja è servil condicion se alegra.[3]

Paradójicamente el Marqués de Santillana, a pesar de que escribe despectivamente al referirse a los romances y poemas de carácter popular, compone villancicos y serranillas que se cuentan entre lo más valioso de su obra. Además, le es atribuida, aunque ha sido negada por él, la compilación del primer refranero impreso en España: *Refranes que dizen las viejas tras el fuego.*[4]

Estas formas de expresión, menospreciadas por el Marqués, son parte de las manifestaciones del pueblo y su folclore, que tanto atraen, sin lugar a duda, a don Miguel de Cervantes y a la mayor parte de los poetas de los siglos XVI y XVII.

A todo ello hay que añadir que en el Renacimiento, tal y como lo expresa don Américo Castro, lo popular, en todas sus manifesta-

---

[2] Julián Marías, "Romance", *Diccionario de literatura española* (Madrid: Revista de Occidente, 1964), pág. 696.

[3] Thomás Antonio Sánchez, *Colección de poesías castellanas anteriores al siglo XV*, I (Madrid: Don Antonio de Sancha, 1779), LIV.

[4] Francis Hayes, "The Collecting of Proverbs in Spain before 1650", *Hispania*, XX (1954), 85.

ciones: romances, refranes, villancicos, etc., logra situarse en un lugar prominente dentro de la literatura castellana:

> De esta suerte se llega a la dignificación de lo popular en una época que desprecia soberanamente al vulgo como incapaz de juicio y razonar propio. El Renacimiento rinde culto a lo popular, como objeto de reflexión, pero lo desdeña como sujeto operante. De todos modos, en España, por el sesgo especial de nuestra historia el humanismo pone fuerte acento en esta rehabilitación del espíritu vulgar...[5]

Toda esta actividad renacentista repercute en la estructuración de la poesía popular aludida. El verso de los romances, después de sufrir innumerables fluctuaciones, pasando de la forma original de los cantares de gesta (16 sílabas dividido en dos hemistiquios) a los versos de ocho sílabas con asonancia en los pares, llega en el siglo XV a cambiar la rima asonante en consonante, volviendo más tarde a la que hoy conocemos, la de la asonancia en los pares.

Este verso octosílabo, que es el que está más de acuerdo con la naturaleza de nuestro idioma, se adaptó perfectamente a la estructura del drama nacional y siguió usándose por poetas del Romanticismo, del Modernismo y por nuestros contemporáneos, con bastante frecuencia. Es dicho verso, en opinión de Tomás Navarro Tomás, el más antiguo de la poesía española, pues según él

> Aparece en algunas de las jarchyas mozárabes de los siglos XI y XII. Figura en gran proporción en los hemistiquios del verso amétrico de los cantares de gesta.

y, además,

> Constituye asimismo el principal factor en la versificación fluctuante de los primeros poemas líricos.[6]

---

[5] Américo Castro, *El pensamiento de Cervantes* (Madrid: Hernando, 1925), págs. 193-194.

[6] Tomás Navarro Tomás, *Métrica española; reseña histórica y descriptiva* (New York: Las Americas Publishing Co., 1966), pág. 45.

Por otra parte, la estructura no estrófica de los romances no ha sido constante a través de los tiempos. Comenzando su uso en la forma en que los conocemos hoy día, tomaron, de acuerdo con el deseo y gusto de los poetas que le emplearon, forma de dísticos y hasta de cuartetas en el siglo XVII, aunque estas formas no son las propias de los romances viejos, populares o tradicionales, cualesquiera que éstos sean, que aparecen casi siempre en estructura corrida.

Los poetas dramáticos de los Siglos de Oro, al adaptar el romance a sus necesidades a fin de obtener mayor eficacia dramática, lo modificaron y, además de las innovaciones antes apuntadas, llegaron a variar el número de sílabas de los versos, por lo que encontramos romances de versos endecasílabos, los denominados "romances heroicos".

Los romances pueden dividirse en populares y tradicionales. Los primeros, los populares, son aquéllos que por haber sido acogidos con simpatía por el pueblo, se hacen conocidos a la mayoría de éste. Sin embargo, el pueblo recibe el poema y lo repite intacto, pues tiene conciencia de que pertenece a un autor determinado (ya se conozca o no), y cuya existencia se respeta absolutamente.

Los romances tradicionales, por el contrario, se reciben por el pueblo como parte de su acervo. En esta categoría de romances, el autor es totalmente desconocido para quien lo canta, y por ello se atreve a modificarlo en la mayoría de los casos, ya que quien lo repite, lo considera como propio. De ahí la casi constante evolución de estos romances, la peculiar fragmentación de los mismos y el enorme número de variantes que se encuentran de algunos de ellos.

Para Ramón Menéndez Pidal, es necesaria esa variación constante, o casi constante, en la vida de los romances tradicionales, para ser considerados como tales. Sobre esto ha dicho el referido autor:

> Esta poesía que se rehace en cada repetición, que se refunde en cada una de sus variantes, las cuales viven y se propagan en ondas de carácter colectivo, a través de un grupo humano y sobre un territorio determinado, es la poesía propiamente *tradicional,* bien distinta de la otra meramente *popular.*[7]

---

[7] Ramón Menéndez Pidal, "Poesía popular y poesía tradicional", en *Mis páginas preferidas. Temas literarios* (Madrid: Editorial Gredos, 1957), pág. 150.

Esta manera de ver la tradicionalidad como variante constante en los romances, es negada por Aurelio M. Espinosa, quien en su artículo "Sobre la importancia del Romancero", niega tal necesidad de cambio constante: "Tampoco es necesario, para merecer la calificación de popular y tradicional, que la primera creación personal haya sido cambiada o rehecha por el pueblo".[8]

Otros aspectos de los romances que se deben discutir antes de entrar de lleno en el tema central de este trabajo, son los relacionados con el origen de dichos poemas según se anunciara en la página primera de este Capítulo, y la presentación, en síntesis, de las diversas teorías que se han elaborado en este debatido asunto.

Actualmente se viene aceptando como la más lógica, la teoría que establece un nexo entre los romances y los primitivos cantares de gesta que le dieron vida al producirse el desprendimiento de aquellos versos, que por ser más atractivos al juglar o al público, se memorizaban con mayor facilidad. Al producirse tal fenómeno, los primitivos cantares de gesta pasan a mejor vida, y serán los romances los que se ocuparán de mantener vivos en el pueblo los temas de esas gestas gloriosas, por generaciones y siglos.

Tales ideas sobre los orígenes de los romances dieron lugar a una polémica literaria que se ha mantenido por muchos años, y que parece a punto de concluir aunque siempre surgen discrepancias y teorías adversas, pero normalmente sin valor alguno.

Varios críticos, entre ellos Cejador y Frauca, identificaron el romance con la épica, considerándolo como la primera manifestación poética narrativa castellana.[9] Mientras que para otros, como Milá y Fontanals[10] y Menéndez Pidal,[11] la gesta nace primero, producto de la juglaría, y el romance después, como desprendimiento de la épica, según se acaba de decir, o por vía indirecta de las Crónicas que prosificaban esas gestas originales.

---

[8] *Revista Cubana,* XV (1941), 214.

[9] Julio Cejador y Frauca, *Historia de la lengua y literatura castellana,* I (Madrid: Imprenta Radio, 1927), 130.

[10] Manuel Milá y Fontanals, *De la poesía heroico-popular castellana.* Ed. por Martín de Riquer y Joaquín Molas (Barcelona: Consejo Superior de Investigaciones Científicas, 1959), págs. 494-501.

[11] Menéndez Pidal, "Poesía popular y poesía tradicional", pág. 131.

Además, se encuentran autores como Karl Vossler, que niegan tal desprendimiento de los poemas épicos primitivos, sin ofrecer ninguna otra opinión sustitutiva de las anteriores. Afirma el hispanista alemán, tratando de desvirtuar la tesis del desprendimiento de las gestas sostenida por Milá y Fontanals y Menéndez Pidal, que "La poesía española de los romances no es ningún campo en ruinas, sino un jardín de flores. Nunca ha surgido hasta ahora una nueva belleza, una nueva forma poética, de la mera decadencia, del olvido o del descuido de las formas antiguas: su impulso es siempre una nueva actividad, un renovado anhelo de belleza". [12]

El señor Vossler, al negar la posibilidad a la tesis del desprendimiento mantenida por Milá y Fontanals y Menéndez Pidal, sólo logra confirmarla. Efectivamente el romancero "no es un campo en ruinas", ni los eruditos españoles habían propuesto tal desacierto. El hecho de que el pueblo, y aún los juglares, aprendieran de memoria fragmentos fáciles de la gesta, y con ello se produjera un nuevo género poético, no autoriza a tal declaración.

Expuestas ya las opiniones más sobresalientes en relación con el difícil tema del origen de los romances, y la clasificación de éstos en populares y tradicionales, queda aún la división de dichos poemas por la época de su composición y por temas.

Marcelino Menéndez y Pelayo divide los romances en viejos y nuevos o artísticos. Los viejos son aquellos que existían en el siglo XV, los impresos en las primeras colecciones del siglo XVI, los que se imprimieron después pero que se puede precisar su existencia en la centuria anterior y los conservados en la tradición oral (tradicionales), que tienen rasgos fehacientes de ser de siglos anteriores.

Por el tema, los romances viejos se agrupan, a saber:

Romances históricos:

del rey don Rodrigo y la pérdida de España
de Bernardo del Carpio
del Conde Fernán González y sucesores
de los Infantes de Lara o de Salas
del Cid

---

[12] Karl Vossler, *Formas poéticas de los pueblos románicos* (Buenos Aires: Editorial Losada, 1960), pág. 237.

romances históricos varios
del rey don Pedro
romances fronterizos
romances históricos de tema no castellano

Romances carolingios

Romances del ciclo Bretón

Romances novelescos sueltos

Romances líricos[13]

Como puede apreciarse, la gama de los romances es muy variada, y por lo tanto sería muy extenso el pretender definir y estudiar todos y cada uno de ellos. En principio, queda así aclarada la extensión del abundante material romancesco, de acuerdo con las clasificaciones cronológica y temática que permitirán el mejor entendimiento de este trabajo.

Hoy día nadie podría negar la importancia que tienen los romances para la literatura española. Como género literario es uno de los más importantes de todos los que la constituyen, y su evolución y propagación llegan a escalas no superadas por ningún otro género castellano o europeo, pues, como dice William J. Entwistle

> Linked to France by the subject-matter of literary and adventure ballads, independent in form and national spirit, the Castilian 'romance' are unsurpassed in Europe for their number, vigour, influence, dramatic intensity, and veracity.[14]

Y como esa forma poética que canta a sus héroes se adapta más a la naturaleza del español, y en especial del castellano, tenía necesariamente que triunfar frente a todas las demás, siendo la poesía de mayores y más profundas raíces populares en España, y que es, a

---

[13] Marcelino Menéndez y Pelayo, *Antología de poetas líricos castellanos.* Ed. por Enrique Sánchez Reyes, VIII (Santander: Aldus, S. A. de Artes Gráficas, 1944), 54-61.

[14] William J. Entwistle, *European Ballads* (Oxford: The Clarendon Press, 1939), pág. 152.

juicio del erudito Ángel del Río, "uno de los monumentos más característicos de la literatura española".[15]

Es en efecto uno de los asuntos más estudiados de la literatura española de todos los tiempos, y al que más han dirigido su atención los estudiosos de todo el mundo, y en particular, de Europa.

Las razones por las cuales se ha pensado que los romances han arraigado tanto en el gusto popular, además de por los temas que les inspiran, se encuentran en la estructura de sus versos. La lengua castellana que les sirve de vehículo, está constituida con base a la estructura octosilábica que forma la unidad del verso romancesco. Ya lo ha advertido Tomás Navarro Tomás en su obra *Métrica española,* antes mencionada, al tratar del octosílabo. Para este estudioso del lenguaje y de la poesía española, el octosílabo "Tiene sus raíces en la medida básica de los grupos fónicos de la lengua".[16] A cuya idea puede agregarse lo expresado por el poeta Juan Ramón Jiménez, para quien el romance "es el pie métrico sobre el que camina toda la lengua española, prosa o verso, que es lo mismo en cuanto a lengua, ya que el verso sólo se diferencia de la prosa en la rima asonante o consonante, no en el ritmo".[17] De ahí probablemente la importancia del género.

Como se ha podido apreciar en los párrafos precedentes, la importancia del Romancero es de gran envergadura. Tal es su magnitud, que no se ve disminuida ni aún con la importación de temas, personajes y estilo extranjeros. De ello se sirven infinidad de romances, como se advierte en los de los ciclos denominados carolingio y bretón.

Los romances del ciclo carolingio que son de los que más interesan a los efectos de este trabajo, ya que fueron muy frecuentemente fuente de inspiración cervantina, nutren considerablemente las colecciones de romances, que al decir de Menéndez y Pelayo, "Después de los temas nacionales, ningunos más divulgados en la vieja literatura española...".[18] Están inspirados en la historia y

---

[15] Ángel del Río, *Historia de la literatura española,* I (New York: Holt, Rinehart and Winston, 1963), 9.

[16] Tomás Navarro Tomás, *Métrica española,* pág. 45.

[17] Juan Ramón Jiménez, *El romance, río de la lengua española* (México: Ediciones de La Torre, 1959), pág. 7.

[18] Menéndez y Pelayo, *Antología,* VII, 224.

leyenda que se cuentan en la tradición francesa de Carlomagno y los doce Pares de Francia. Esta tradición, muy antigua en España, probablemente llegó a la península Ibérica con las primeras peregrinaciones a Santiago de Compostela y con el arribo de los monjes cluniacenses que llegaron a España procedentes de Francia por el siglo XI. Las influencias francesas en este siglo, ya se han confirmado en estudios lingüísticos. Rafael Lapesa, en su *Historia de la lengua española,* ha dicho que

> Hasta el siglo XI la comunicación de la España cristiana con Europa fué, salvo en Cataluña, poco intensa. En el reino leonés se mencionan espadas "franciscas", indicio de que la actividad comercial con Francia no se había interrumpido. Influencia carolingia se advierte en cargos e instituciones de la corte asturiana.[19]

a lo que hay que agregar lo expuesto por Martín de Riquer al referirse a la entrada del tema carolingio en España

> La versión poética de la batalla de Roncesvalles fué muy pronto conocida en España, no tan sólo a través de la *Chronica* del seudo Turpín, tan vinculada a Santiago de Compostela, sino también a través de la "Chanson de Roland" y sus refundiciones francesas y provenzales.[20]

estableciéndose así el enlace entre la tradición francesa del rey franco y la tradición castellana en todas sus formas, o sea, "su interpretación ortodoxa, en la que, a pesar de ofrecer notables cambios y curiosas particularidades, se conserva el fondo de la tradición francesa; por el otro, la interpretación heterodoxa, opuesta al sentido y al fondo de la leyenda francesa, o sea la de Bernardo del Carpio",[21] de la que hablaremos más adelante.

En el siglo XIII, el primer poeta español de nombre conocido, Gonzalo de Berceo, hace mención a héroes carolingios en su obra

---

[19] Rafael Lapesa, *Historia de la lengua española* (New York: Las Americas Publishing Co., 1962), pág. 113.

[20] Martín de Riquer, *Los cantares de gesta franceses* (Madrid: Editorial Gredos, 1952), pág. 125.

[21] *Ibid.*

Vida de San Millán de la Cogolla, cuando compara el valor del rey don Ramiro con dos de los caballeros de la corte de Carlomagno

El reï don Ramiro, un noble cavallero,
qe no l' venzrién de êsfuerzo Roldán nin Olivero,[22]
(Estrofa 412)

La presencia de ambos caballeros de la corte del emperador en la obra de Berceo, confirma una vez más el conocimiento que de ellos se tenía en la España de aquella época.[23]

La leyenda carolingia, cuya fecha de llegada a España ya se ha visto que no puede determinarse con exactitud, tiene a su vez una contraparte en la del héroe leonés Bernardo del Carpio,[24] protagonista de Roncesvalles, aunque no aparezca mencionado en el fragmento del famoso poema épico "Roncesvalles",[25] que se conserva. A este personaje, que se considera por algunos críticos como personaje fabuloso, se le menciona en la *Crónica general* de Alfonso X el Sabio como participante en la batalla de Roncesvalles,[26] aunque los motivos de dicho evento militar sean diferentes a los de la tradición francesa. Existen, pues, discrepancias entre los hechos históricos y los meramente legendarios.

Sobre Bernardo del Carpio se han compuesto varios romances, algunos de ellos coleccionados desde temprano en los primeros romanceros, siendo el más conocido el que comienza

¡Mala la visteis, franceses,
La caza de Roncesvalles!...
(Durán, 402)

---

[22] Gonzalo de Berceo, *Vida de San Millán de la Cogolla,* Editada por Brian Dutton (Londres: Tamesis Books Limited, 1967), pág. 147.

[23] Sobre la verdad histórica de estos personajes, véase Martín de Riquer, *Los cantares de gesta franceses,* págs. 22-23.

[24] Juan Luis Alborg, *Historia de la literatura española,* I (Madrid: Editorial Gredos, S. A., 1970), 416.

[25] Menéndez Pidal, "'Roncesvalles'. Un nuevo cantar de gesta español del siglo XIII", *Revista de Filología Española,* IV (Abril-Junio 1917), 105-204.

[26] Alfonso X el Sabio, *Primera crónica general.* Editada por Ramón Menéndez Pidal y otros (Madrid: Editorial Gredos, 1955), págs. 352-353.

La creación de un personaje fabuloso como Bernardo del Carpio, en adición al personaje histórico, que parece haber existido sólo muchos años después de la catástrofe de Roncesvalles, obedece únicamente a la necesidad de oponerle a las exageraciones francesas contenidas en la *Chanson de Roland.* En este cantar se hace resaltar notablemente el heroísmo nacional francés, al extremo de herir la susceptibilidad castellana. Américo Castro se hace eco de tal hecho, y al tratar del Apóstol Santiago y su tradición de leyenda histórico-religiosa, la compara con el caso de Bernardo del Carpio, y dice

> No es éste un caso único de que una creencia deba su origen a motivos polémicos. Todos saben que el personaje fabuloso de Bernardo del Carpio surgió como oposición a Roldán y a Carlomagno, glorificados en poemas humillantes para España. Hacia 1110 el monje de Silos protestaba en su Crónica contra los relatos épicos franceses que pretendían convertir a Carlomagno en libertador de España, porque el Emperador no venció a los moros, ni rescató de su poder el camino de Santiago; los españoles nada tenían que agradecer a Roldán y a su señor...[27]

Esta reacción de los poetas peninsulares, hasta cierto punto justificada, se produjo también en Inglaterra, en tiempos remotos, al parecer no por iguales motivos, sino por razones más bien psicológicas. Así se originó la leyenda del rey Arturo, tan difundida por todo el mundo civilizado.

El propio Américo Castro, al referirse al asunto de Bernardo del Carpio que venimos tratando, da como ejemplo éste del rey Arturo

> En crónicas anteriores al siglo XII se hablaba de aquel monarca fabuloso, sin que a ello se le hubiese concedido mayor importancia. Mas he aquí que entre 1136 y 1138, Geoffrey de Monmouth lanza su *Historia regum Britanniæ,* destinada a inmortalizar al inexistente rey, y a dejar su huella en la sensibilidad poética de Europa. El motivo de tal hecho era que la dinastía normanda en Inglaterra se sentía abatida frente a la de los de Francia, muy prestigiosa a causa de su antecesor Carlomagno. La sometida raza británica poco tenía

[27] Américo Castro, *Realidad histórica de España* (México: Editorial Porrúa, 1966), pág. 346.

> que oponerles antes de que Geoffrey de Monmouth los proveyese de un soberano más antiguo y más ilustre que el gran Emperador.[28]

y claro está que este fenómeno se produjo muy fácilmente dadas las estrechas relaciones que mantenían los dos países durante el siglo XII. Como dice el profesor Urban Tigner Holmes, Jr., "France and England, using the same language, were bound by such close ties in the twelfth century that we must consider their literature together",[29] y con ello se hizo fácil la entrada de esas tradiciones carolingias, que en última instancia llegarían a afectar el sentimiento patriótico de los ingleses.

Con anterioridad a 1136, en que aparece la *Historia regum Britanniæ* de Monmouth, ya se hacía historia sobre las actividades bélicas de Arturo "Dux bellorum", tal y como se le llamaba en la *Historia Britonum* de Nennius del año 858, o sea, como jefe militar de las victoriosas tropas británicas que combatían contra los invasores sajones.[30]

Su nombre parece coincidir con un héroe celta primitivo el que, según Holmes, "crossed in the minds of the people with the memory, or rather legend of one L. Artorius Castus, prefect of the VI Victrix Legion stationed at York, in Britain, in the third century",[31] creó, o ayudó a crear, parte de la leyenda artúrica, en especial la que se trata en "La Mort de Artur".[32]

Además de estos dos escritores, Nennius y Monmouth, y con la misma intención de hacer historia, se hallan dos poetas cuyas obras constituyen dos importantes manifestaciones del llamado "ciclo bretón" o "Matière de Bretagne". Se trata, primero, de Wace, poeta normando que compuso hacia 1155 el poema conocido por "Roman

---

[28] Américo Castro, *Realidad histórica de España,* pág. 347.

[29] Urban Tigner Holmes, Jr., *A History of Old French Literature from the Origins to 1300* (New York: Russell and Russell, Inc., 1962), pág. 36.

[30] Theodorus Mommsen, *Monumenta Germaniae Historica* (Berlin: Weidmannsche Verlagsbuchhandlung, 1961), pág. 199. Dice así: "In illo tempore Saxones invalescebant in multitudine et crescebant in Brittannia. Mortuo autem Hegisto Octha filius eius transivit de sinistrali parte Britanniae ad regnum Cantorum et de ipso orti sunt reges Cantorum tunc Arthur pugnabat contra illos in illis diebus cum regibus Brittonum, sed ipse dux est bellorum".

[31] Holmes, pág. 158.

[32] Kemp Malone, "Artorius", *Modern Philology,* XXII (1924-25), 373.

de Brut",[33] basado en la *Historia regum* de Monmouth y, segundo, Layamon, poeta poco conocido, que, basado a su vez en el poema de Wace, compuso una paráfrasis de éste hacia 1205, con el mismo título, que continúa la tradición.[34]

Casi coetáneo a los anteriores poetas, existe un autor que ha ganado la fama de ser el que mejores "romances" ha escrito sobre la materia de Bretaña: Chrétien de Troyes.[35] A él se debe uno de los más interesantes productos de este ciclo, el denominado "Li contes del Graal".

El estudio de esta obra resulta interesante, pues parece tener más influencia judía y cristiana, que la sólo virtual de los elementos del "ciclo artúrico" a que pertenece.[36]

Este poeta compuso una serie de obras orientadas dentro del mismo ciclo. Algunas de ellas han desaparecido, o son de dudosa autoría.

"Erec et Enid"
"Cligés"
"Lancelot o Chevalier de la Charrette"
"Yvain"
"Perceval o Li contes del Graal"

Éstas son las obras de Chrétien que se conservan, y de las que no existe ninguna duda acerca de la paternidad. Otra, que completa el grupo conservado, es "Guillaume d'Angleterre", pero que no se relaciona junto a las demás, por existir dudas sobre quién sea el autor.

---

33 J. H. Philpot, *Maistre Wace. A Pioneer in Two Literatures* (London: Methuen and Co., Ltd., 1925), pág. 51. Consultar también a Ivor Arnold, ed., *Le Roman de Brut de Wace,* I (Paris: Sociéte des Anciens Textes Français, 1938), LXXIV-C.

34 Sir Frederick Madden, *Layamon's Brut or Chronicle of Britain. A Poetical Semi-Saxon Paraphrase of the Brut of Wace,* I (London: The Society of Antiquaries of London, 1847), xi. Sobre este mismo asunto ver también la obra de Gerard Johannes Visser, *Layamon. An Attempt at Vindication* (Assen: Van Gorcum and Comp., 1935), págs. 1-6.

35 Holmes, pág. 164.

36 Martín de Riquer, *La leyenda del graal y temas épicos medievales* (Madrid: Editorial Prensa Española, 1968), págs. 120-21. Sobre el origen del "Graal", ver D.D.R. Owen, *The Evolution of the Grail Legend* (Edinburgh: Oliver and Bord, Ltd., 1968).

Es una verdadera pena que Chrétien de Troyes no concluyera el "Perceval". Esta hermosa obra, además de sus cualidades intrínsecas, tiene la enorme importancia de haber iniciado el tema del "Graal".

Un aspecto interesante de "Li contes del Graal", radica en el uso por parte del poeta de la lanza de Longinos como parte del ceremonial llevado a cabo en el castillo del rey Pescador. [37] Sólo una pequeña alusión a dicha reliquia se encuentra en la *Chanson de Roland,* (Manuscrito de Venecia V4), que se repite en el *Poema del Cid.* [38]

La tradición artúrica es parte de la llamada materia de Bretaña, la principal y más importante del ciclo. De ella provienen algunos romances castellanos del denominado "ciclo bretón", que se discutirán más adelante.

Otros personajes de la gesta francesa, además de Roldán y Oliveros, que como ellos prestaban servicio en los ejércitos del Emperador: el Marqués de Mantua, el Conde Dirlos, Gaiferos, etc., aparecen representados en el Romancero castellano, en romances como el que principia: "Estábase el Conde Dirlos / sobrino de don Beltrán..." (Durán, 354) o el que dice: "De Mantua salió el Marqués / Danes Urgel el leal..." (Durán, 355).

El romance del Conde Dirlos tiene más de 1300 versos, y constituye uno de los más extensos del *Romancero.* Para Durán "Forma... una novela caballeresca completa, y un episodio de las fábulas de Carlo Magno". [39] Y en cuanto a la apariencia del poema expresa más adelante

> Su construcción indica una de aquellas composiciones primitivas que sólo llegaron á imprimirse después de alteradas no sólo por la tradición oral, sino también por los poetas que intentaron corregirlo... [40]

---

[37] Sobre el asunto del "Graal" y la lanza de Longinos, ver los artículos de Urban T. Holmes, Jr., "The Arthurian Tradition in Lambert D'Ardres", y de Laura H. Loomis, "The Holy Relics of Charlemagne and King Athlestan: The Lance of Longinus and St. Mauritius", *Speculum,* XXV (1950), 100-103 y 437-456, respectivamente. Además, ver el artículo de Martín de Riquer, "La lanza de Pellés", *Romance Philology,* IX (1955-56), 187-196, y de este propio autor, *La leyenda del graal y temas épicos medievales,* págs. 31-32.

[38] Martín de Riquer, *La leyenda del graal,* págs. 66-67.

[39] Agustín Durán, *Romancero general,* I (Madrid: Ediciones Atlas, S. L., 1945), 207.

[40] Durán, I, 207.

Esa alteración puede observarse al comparar distintas ediciones del *Romancero*. Hay en ellos cambios en la estructura de las palabras y, además, se observan huellas extranjeras en la versión de Agustín Durán (354), que se han eliminado en versiones más modernas, como en la edición de Luis Santullano.[41] Palabras como "paladín", "emperante", "caça", "florido", etcétera, que son privativas de la épica francesa, pero que en algunos casos se encuentran, aunque en menor proporción, en romances netamente castellanos.[42]

Estos y otros elementos de la épica francesa se pueden hallar en los poemas españoles, que denuncian la penetración extranjera, y que ejercen influjo aún en aquellos poemas que nada tienen que ver con el tema franco.

Juan Luis Alborg, en su *Historia de la literatura española,* ha señalado estos puntos vitales de los romances carolingios, que expresa así:

> En su conjunto, se encuentran en todos los romances de este ciclo matices inconfundibles que los diferencian: predominio, y complicación, de la peripecia novelesca sobre la severidad del hecho heroico; gran variedad anecdótica; carácter caballeresco de los héroes; mayor intensificación pasional y sentimental de lo que es propio en los romances históricos de tema español; intervención de lo sobrenatural y maravilloso; galanterías y atrevimientos amorosos; acentuación del lirismo y de los aspectos pintorescos; prolijas descripciones de trajes y de joyas y frecuentes anacronismos.[43]

Tales notas diferenciales de los romances carolingios son sin duda típicas de la epopeya francesa. Son notables las exageraciones de los poetas francos, en lo relacionado con las hazañas de sus héroes nacionales, tanto en lo que se refiere a los hechos propiamente dichos, como a los personajes envueltos en los mismos.

El autor del "Roland", (posiblemente el poeta Turoldus [Verso 4002]), hace uso de los elementos más fantásticos a fin de obtener un mayor realce para sus personajes épicos. Carlomagno, para sólo

---

41 Luis Santullano, *Romancero español* (Madrid: Aguilar, 1968), págs. 23-55.

42 Rafael Lapesa, *De la Edad Media a nuestros días* (Madrid: Editorial Gredos, 1967), pág. 26.

43 Alborg, I, 421.

citar un ejemplo, en el mencionado poema, llega a obtener de Dios el milagro de paralizar el tiempo, cuando necesita de ello para derrotar a los paganos en fuga como venganza por la muerte de Roldán según se ve en las estrofas siguientes:

. . . .

Quant veit li reis le vespres decliner,
Sor l'erbe verte descent li reis en un pret,
Colchet sei a tere si priet Damnedeu
Que li soleilz facet por lui arester,
La nuit targier e le jor demorer.
Ais li un angle ki od lui suelt parler,
Isnelement si li at comandet:
"Charle, chevalche! car tel ne falt clartet.
La flour de France as perdut, ço sait Deus;
Vengier te puez de la gent criminel".

(Estrofa CLXXIX)

. . . .

Por Charlemagne fist Deus vertuz molt granz;
Car li soleilz est remés en estant.
Paiien s'en fuient, bien les chalcent Franc,
En Val Tenebrous la les vont ataignant,
Vers Sarragoce les enchalcent ferant Franc,...

(Estrofa CLXXX)

. . . .

Quant Charles veit que tuit sont mort paiiens,
Alquanz ocis e li plusour neiiet,
Molt grant eschiec en ont si chevalier,
Li gentilz reis descendut est a piet,
Colchet sei a tere sin at Deus graciet;
Quant il se drecet li soleilz est colchiet... [44]

(Estrofa CLXXXI)

---

[44] *La Chanson de Roland,* Editada por Rosalyn Gardner, W. S. Woods, H. H. Hilton, Jr., y Urban T. Holmes, Jr. (Columbus, Ohio: H. L. Hendrick, 1941), págs. 67-68.

Los sueños, las apariciones todas de San Gabriel a Carlomagno y Roldán (Estrofas LVI y LVII), y del ángel Querubín y San Miguel del Peligro al segundo (Estrofa CLXXVI); la posesión por Carlomagno de la lanza con que fue herido Jesús en el Monte Calvario (Estrofa CLXXXIII), añaden aún más elementos de extraordinario valor accesorio al poema, pero de muy poco o ningún valor real e histórico.

Asimismo, se encuentran en la epopeya francesa rasgos de pintoresquismo y descripciones esmeradas de vestidos, armaduras, batallas, etcétera, que se pueden observar, no sólo en los romances carolingios, sino que alcanzan, como se ha mencionado en párrafo anterior, a los más rancios ejemplos de la épica castellana. Sirva de ejemplo el poema del Cid, en el que se encuentra un pasaje en que el héroe castellano, yendo al destierro, se tropieza con el ángel Gabriel

> I se echava mio Çid después que *fo de noch,*
> un sueñol priso dulçe, tan bien se adurmió.
> El ángel Gabriel a él vino en *visión:*
> "Cavalgad, Çid, el buen Campeador,
> "ca nunqua en tan buen punto cavalgó varón;
> "mientra que visquiéredes bien se fará lo to".
> Quando despertó el Çid, la cara se santigó.
>
> (Versos 404-10)

Además, como indica don Ramón Menéndez Pidal en su Introducción a la edición del *Poema de Mio Cid,* "Si no en el pasaje del león, la imitación francesa aparece clara en otros...".[45] Y así enumera multitud de casos en los que hay puntos de enlace entre las épicas de ambos países.

En este punto hay que destacar el carácter cristiano de estas apariciones angélicas. Fernando Wolf y Conrado Hofmann han hecho resaltar tal aspecto de la épica de tema carolingio, tanto francesa como española. Señalan estos escritores, que el abandono de las prácticas gentilicias y el odio implacable hacia los infieles por parte de ambos pueblos en la Edad Media, hacían imposible la

---

[45] Menéndez Pidal, *Poema de Mío Cid* (Madrid: Espasa-Calpe, S. A., 1966), pág. 33.

presencia de elementos mitológicos y fantásticos que no fueran los ya apuntados de origen cristiano.[46]

Los cantares épicos de este ciclo carolingio y los romances que de ellos se derivaron, tuvieron mucha popularidad desde época temprana.

Prueba de la existencia de esos cantares, como ya ha señalado Menéndez y Pelayo, se encuentra en la prosa de la *Primera crónica general* de Alfonso X el Sabio.[47] La prosificación de la leyenda carolingia en esta *Crónica,* da fe de la actividad poética de tema francés en España, antes del siglo XIII. El mencionado crítico, refiriéndose a este asunto, declara que "La existencia de estos cantares no es una mera hipótesis. Reliquias de uno de ellos quedan en la leyenda de Maynete y Galiana, que a fines del siglo XIII extractaron los compiladores de la *Crónica general.* Sea o no francesa de origen esta leyenda, se naturalizó muy pronto en España".[48]

En los apartados 597 al 599 de la *Primera crónica general de España,*[49] como muy bien hace notar Menéndez y Pelayo, se ofrece una relación en prosa de la leyenda de Maynete, el hijo de Pepino el Breve, rey de los francos, que así se apodaba Carlos para encubrir su personalidad durante su supuesta estancia en España. En estos pasajes de la *Crónica* se comprenden la llegada de Carlos a Toledo; sus amores con Galiana y, por último, la ida de ambos para Francia, donde Carlos heredará el trono y se celebrará el matrimonio de éstos. Esta prosificación de la leyenda está basada en una tradición anterior, en una tradición poética, por supuesto, con todas las contaminaciones propias de la poesía popular tradicional, y que se puede apreciar immediatamente que se estudia la historia del período: la presencia de la princesa Galiana, hija del rey Galafre de Toledo y el matrimonio de ésta con el rey franco Carlos el Magno.[50]

---

46 Menéndez y Pelayo, *Antología...,* VIII, 54-61.

47 *Ibid.*

48 Menéndez y Pelayo, *Antología...,* VII, 224.

49 Ver Alfonso X el Sabio, *Primera crónica general,* II, 340-343.

50 De Galiana y su matrimonio con Carlomagno nada se dice en la historia de Francia. Las obras de historia consultadas nada dicen al respecto. De los matrimonios llevados a cabo por el Emperador, ninguno se relaciona con la joven princesa morisca. Así que deben de considerarse elementos fabulosos, que nacen con la leyenda, probablemente de origen peninsular, y que exportados tempranamente a Francia, retornaron después en formas diversas, como en el caso del "Mainet" del siglo XII.

El descubrimiento de varios fragmentos de un poema francés, "Mainet", del siglo XII, por M. A. Boucherie,[51] no cambia en nada la situación planteada hasta el momento sobre la existencia de una gesta carolingia peninsular muy temprana, si bien es cierto que se establecen algunas diferencias entre ambas manifestaciones legendarias: la contenida en la *Crónica General,* y la del "Mainet" descubierto por el señor Boucherie en 1874.

La indisposición de Carlos con su padre, que le hace abandonar el país y dirigirse a Toledo, señalada por la *Crónica,*[52] se cambia en los fragmentos, y la razón para abandonar su patria está determinada por la persecución de que le hacen objeto sus hermanos bastardos.[53]

Sin embargo, Galiana[54] aparece al igual que en la *Crónica,* aunque con nombres diversos, pero del matrimonio sólo conocemos la autorización paterna.

Tales discrepancias entre los dos textos mencionados, sólo tienen la virtud de confirmar la precedencia de la versión española de la *Crónica,* debiendo aceptarse la tesis de don Marcelino Menéndez y Pelayo, quien asegura lo siguiente

> Si es ley constante en la poesía épica que lo más natural, sencillo y humano preceda siempre a lo más artificioso y novelesco, tenemos derecho a afirmar que la canción española, disuelta en la prosa de la *Crónica general,* representa una forma primitiva de la leyenda, y que los fragmentos del poema francés, sean o no del siglo XII, corresponden a una elaboración épica posterior.[55]

con lo cual se confirma esa precedencia, y por consiguiente, la temprana entrada del tema francés en el repertorio folklórico español.

No tan antiguos como los cantares de gesta, pues ya se ha visto que proceden de éstos, los romances carolingios son buen ejemplo

---

Sobre este período se ha consultado M. Guizot y Madame Guizot de Witt, *The History of France from the Earliest times to 1848,* I (New York: John B. Alden, 1884), 178-181.

51 Gastón Paris, "'Mainet', fragments d'une Chanson de Geste du XIIe Siècle", *Romania,* IV (1875), 305-337.

52 Alfonso X el Sabio, *Primera crónica general,* I, 340a.

53 Gastón Paris, *Romania,* IV, 316-17.

54 *Ibid.* 324 (verso 2) y 325 (verso 45).

55 Menéndez y Pelayo, *Antología...,* VII, 234.

de la popularidad que disfrutaba el tema de Carlomagno y de los doce Pares en la Península.

La aportación de temas de origen bretón al romancero es de menos importancia. Sólo cuatro romances de relativa importancia se contienen en el *Romancero general* editado por don Agustín Durán (números 351, 352, 353 y 1891). Como dice este último en nota al pie del romance número 353, son tres los temas de la leyenda del rey Artús, una religiosa, la conquista del Santo Grial; una festiva y amena, la de Lanzarote; y, la otra, amorosa y sentimental, la de Tristán de Leonís.

Todas ellas forman tema de estos cuatro romances. La primera, la religiosa, únicamente ofrece una simple mención en uno de los poemas clasificados "Vulgares de controversia, agudeza é ingeniosidad", el número 1352, en los versos que dicen

De dia el ciego *Longinos*
La lanza al costado enristra
De donde la sangre y agua
Mil misterios simbolizan...

(Durán, II, pág. 403)

Al hablar en general del género de los romances en páginas precedentes, se ha mencionado el concepto que de este tipo de poesía popular tenía el Marqués de Santillana. Este noble caballero, al criticar a mediados del siglo XV a dichos poemas, y a los poetas que les componían, estaba reconociendo su existencia y al propio tiempo que daba la sensación de que ya en aquella época, como efectivamente ocurría, los romances eran bien conocidos del pueblo y de las clases prominentes de la sociedad. Opinión que se verifica por don Ramón Menéndez Pidal, para quien la producción de estos poemas, en general, se inicia en la segunda mitad del siglo XIII; y su mayor actividad ocurre hacia el siglo XIV,[56] o sea, entre uno y dos siglos antes de que el Marqués de Santillana escribiera su bien conocida *Carta Proemio* al Condestable de Portugal, tiempo suficiente para la propagación enorme que se deduce de los resultados del género.

---

[56] Ramón Menéndez Pidal, *Romancero hispánico (hispano-portugués, americano y sefardí) teoría e historia,* I (Madrid: Espasa-Calpe, 1968), 158.

Los romances carolingios, en muchos casos, se remontan a épocas muy anteriores al comienzo del siglo XVI, en cuyo momento dejan de ser exclusivamente poesía oral, para, pasando a la forma impresa de los denominados "pliegos sueltos", primero, y de los Cancioneros y Romanceros, después, mantenerse a través de los años, y participar de otros géneros literarios que los perpetúan para siempre en el aprecio del público, tanto español como mundial.

Los "pliegos sueltos" más antiguos que se conocen son los publicados por el impresor alemán, Jorge Coci, quien se estableció en Zaragoza en 1500, y desde 1505 a 1528 fue dueño del único taller de imprenta de la ciudad.[57] De estos "pliegos", el más antiguo conocido es el que contiene el "Romance de los doce pares de Francia por muy gentil estilo fecho", con otros poemas, y que probablemente no es posterior a 1506.[58] El propio seño Coci editó hacia 1510 un "Romance del conde Dirlos y de las grandes venturas que hubo".[59]

Los conocidos hermanos Cromberger, Jacobo, Juan y Jácome, residentes en Sevilla, iniciaron también, hacia 1510, en el mismo tipo de impresión, la edición de romances y otros géneros de poesías. El primero de ellos, Jacobo, publicó alrededor de 1510 un romance de "Don Gaiferos", en folio. Y al final de la primera mitad del siglo XVI, sus hermanos, Juan y Jácome, continuaron la labor iniciada por él.[60]

En Burgos, Fadrique Alemán (1516-1517) y Juan de la Junta (1527-1550), también realizaron labor de impresión de romances en "pliegos sueltos".[61]

Por último, Carles Amorós, natural de Provenza, publicó en Barcelona hacia 1525, dos "pliegos sueltos" de romances carolingios y novelescos.[62]

Estos "pliegos sueltos" eran editados "para la lectura del momento",[63] y por ello sólo se conserva una pequeña parte de los mismos;

---

57 F. J. Sánchez Cantón, "Un pliego de romances desconocido, de los primeros años del siglo XVI", *Revista de Filología Española,* VII (1920), 38.

58 *Ibid.* Ver también Menéndez Pidal, *Romancero hispánico,* II, 66.

59 Menéndez Pidal, *Romancero hispánico,* II, 67.

60 Menéndez Pidal, *Romancero hispánico,* II, 67.

61 *Ibid.*

62 *Ibid.*

63 *Ibid.,* II, 66.

y la casi totalidad, al menos los que han llegado a nuestros días, pertenecen al ciclo carolingio.[64]

La moda iniciada a principios del siglo XVI de editar en "pliegos sueltos" los romances tradicionales, según se ha expuesto en párrafos anteriores, atrajo la atención de algunos impresores extranjeros que se sentían cautivados por la cultura hispánica. En Amberes, Martín Nucio y Juan Steelsio, comenzaron a publicar colecciones de romances a mediados de siglo.

El primero, Martín Nucio, publicó en aquella ciudad, hacia 1548, una colección de más de 150 poemas, bajo el título de *Cancionero de romances,* que es considerada por la crítica de inestimable valor, entre otras razones por ser la primera colección especializada en este género poético que se conoce.[65] Una segunda edición de esta obra apareció en la misma ciudad de Amberes, el año de 1550, con algunas correcciones y adiciones.[66]

En España, por la misma época, se produce también esa reacción favorable a la publicación de romanceros.

Después de la publicación del *Cancionero general* de Hernando del Castillo (Valencia, 1511, 1514, 1573) (Toledo, 1520),[67] y del *Cancionero llamado Guirlanda esmaltada de galanes y elocuentes dezires de diversos autores,* de Juan Fernández de Constantina (Bélmez, 1514?) (Sevilla, 1517),[68] y otros de menor importancia, en los que sólo se inserta una mínima representación del género romancesco, se publican algunas colecciones de importancia siguiendo el mismo principio de exclusividad que más tarde establecerá Martín Nucio.

De estas colecciones se mencionan aquí las más notables:

Cancionero de romances
Medina del Campo, 1550
Reimpresión del *Cancionero de romances sin año.*

---

64 *Ibid.,* II, 68.

65 Ramón Menéndez Pidal, *Cancionero de romances impreso en Amberes sin año* (Madrid: Consejo Superior de Investigaciones Científicas, 1945). En lo sucesivo este *Cancionero* se citará, a los efectos de este trabajo, como el *Cancionero de romances sin año.*

66 Antonio Rodríguez-Moñino, *Cancionero de romances* (Anvers, 1550), (Madrid: Editorial Castalia, 1967).

67 Antonio Rodríguez-Moñino, *Silva de romances de Barcelona, 1561* (Salamanca: Universidad de Salamanca, 1969), págs. 53-59.

68 *Ibid.,* págs. 59-61.

Impreso a costa de Guillermo de Milas, mercader de libros de aquella ciudad desde 1530.[69]

Cancionero de romances
Sevilla, 1550
Lorenzo de Sepúlveda

Probablemente se publicó antes, pero no se ha conservado ningún ejemplar anterior al de ese año. Se cree que fue editado por primera vez en la imprenta de Juan de León. Se conocen 14 ediciones en el siglo XVI.[70]

Silva de varios romances
Zaragoza, 1550
Esteban García de Nájera

Esta *Silva* copia en gran parte al *Cancionero de romances sin año.* Menéndez Pidal la prefiere a la fuente debido a que aquella está corregida y mejorada.[71]

Segunda parte de la Silva de romances
Zaragoza, 1550
Esteban García de Nájera

Esta edición contiene once composiciones sobre el tema de "Francia y los doce pares", que se habían suprimido en la primera parte.[72]

Primera parte de la Silva de romances
Barcelona, 1550
Casa de Pedro Borín

Se suprimen algunos romances y se añaden otros, pero es edición corregida de la primera parte editada en Zaragoza el propio año.[73]

Segunda parte de la Silva de romances
Zaragoza, 1552
Esteban García de Nájera
Segunda edición.[74]

Primera parte de la Silva de romances
Barcelona, 1552
Reimpresión
Casa de Iayme Cortey[75]

---

69 *Ibid.*, pág. 90.
70 *Ibid.*, págs. 101-102.
71 *Ibid.*, págs. 117-125.
72 Antonio Rodríguez-Moñino, *Silva de romances de Barcelona, 1561*, págs. 133-139.
73 *Ibid.*, págs. 125-128.
74 *Ibid.*, págs. 139-140.
75 *Ibid.*, págs. 128-130.

Silva de varios romances agora nuevamente recopilados, los mejores de los tres libros de la Silva, y añadidas ciertas canciones y chistes nuevos
Barcelona, 1561
Casa de Iayme Cortey[76]

Rosas de Romances: Rosa de Amores. Primera parte de Romances de Joan Timoneda, que tratan diversos, y muchos casos de amores.
Valencia, 1573
Casa de Joan Timoneda[77]

Rosa Española. Segunda parte de Romances de Joan Timoneda, que tratan de hystorias de España.
Valencia, 1573
Casa de Joan Timoneda[78]

Rosa Gentil. Tercera parte de Romances de Joan Timoneda, que tratan hystorias Romanas, y Troyanas.
Valencia, 1573
Casa de Joan Timoneda[79]

Rosa Real. Quarta parte de Romances de Joan Timoneda, que tratan de casos señalados de Reyes, y otras personas que han tenido cargos importantes: assi como Principes, Viso reyes, y Arçobispos.
Valencia, 1573
Casa de Joan Timoneda[80]

---

[76] *Ibid.*, págs. 171-184. Esta edición de la *Silva de varios romances,* en opinión de don Antonio Rodríguez-Moñino, quien ha hecho cuidadosos estudios de los romances y romanceros, constituye, con los pliegos sueltos, "las dos grandes fuentes de difusión del romancero español" (en página 7 de esta misma obra). Fue modificada e impresa nuevamente en el año de 1578, en el taller de Jaime Sendrat, siendo su editor, Juan Cortey. En 1582, en el taller del propio señor Sendrat, vuelve a imprimirse con sólo un ligero cambio, pero a costa de Joan Pau Manescal.

En 1587 sale a la luz la última edición del siglo XVI. Su impresor fue en este caso Hubert Gotard. El único cambio observado en esta edición es la substitución de un romance por otro.

[77] Antonio Rodríguez-Moñino, *Floresta. Joyas poéticas españolas,* VIII (Valencia: Editorial Castalia, 1963).

[78] *Ibid.*

[79] *Ibid.*

[80] *Ibid.*

Romancero hystoriado con mucha variedad de glosas y sonetos y al fin una floresta pastoril y cartas pastoriles.

Alcalá de Henares, 1579
Lucas Rodríguez
Casa de Hernan Ramírez[81]

Primera parte de la Sylva de varios Romances, en el qual se contienen muchos y diuersos Romances de hystorias nueuas. Recopilado por Juan de Mendaño estudiante natural de Salamanca.

Granada, 1588
Casa de Hugo de Mena[82]

Flor de varios romances nuevos, y Canciones. Agora nuevamente recopilados de diversos autores, por el Bachiller Pedro Moncayo, natural de Borja.

Huesca, 1589
Impresso con licencia, por Iuan Perez de Valdivielso[83]

Flor de varios romances nuevos. Primera y Segunda parte, del Bachiller Pedro de Moncayo, natural de Borja.

Barcelona, 1591
Imprenta de Iayme Cendrat
A costa de Onoffre Gori[84]

Si se repasan tan solo las ediciones de los romanceros más notables que aquí se relacionan, se llegaría al convencimiento por parte del lector de que cualquiera de esas publicaciones, tanto extranjeras como peninsulares, pudieron llegar a manos de don Miguel de Cervantes, debido al tremendo auge de los mismos durante un período de tiempo largo, al momento de la elaboración de la novela, y anterior al mismo. Esto es sin contar la innumerable y prolífica producción de "pliegos sueltos" a que se ha hecho referencia con anterioridad.

Si se acepta, lógicamente debe ser así, la influencia de los romances en la preparación del *Quijote,* habrá que admitir, por la

---

81 Lucas Rodríguez, *Romancero historiado con mucha variedad de glosas y sonetos. Colección de libros españoles raros y curiosos,* X (Madrid: Imprenta de T. Fortanet, 1875).

82 Antonio Rodríguez-Moñino, *Floresta. Joyas poéticas españolas,* IX (Madrid: Editorial Castalia, 1966).

83 Antonio Rodríguez-Moñino, *Las fuentes del romancero general,* I (Madrid: Real Academia Española, 1957).

84 *Ibid.,* II (1957).

misma razón lógica, que su autor tuvo a su disposición, y uso, los romanceros, y, además, los "pliegos sueltos" y la siempre viva tradición oral.

Al producirse en España el Renacimiento, como se ha expuesto anteriormente, los poetas se hacen eco de los temas populares que les facilita la tradición romancesca y otras fuentes de igual origen popular.[85] A partir de entonces, el teatro español dedicará innumerables obras a los héroes de las gestas heroicas.

Juan de la Cueva siente máxima atracción por lo nacional, y llevado por esa simpatía, produce un teatro, que si bien es cierto no llega a la perfección de un Lope de Vega en el siglo siguiente, no es menos cierto que establece las bases para el teatro nacional. De ese modo descubre a sus contemporáneos todo el tesoro que se encerraba en los romances y en las crónicas. De ellos llevó a la escena obras como la *Tragedia de los siete infantes de Lara,* la *Comedia de la libertad de España por Bernardo del Carpio,* y *La muerte del rey don Sancho y reto de Zamora.*[86]

Con estas tres obras teatrales Juan de la Cueva hace entrar en la dramática española los temas del *Romancero,* aunque por falta de talento se vea disminuida su importancia teatral.[87]

Siguiendo la línea trazada por Juan de la Cueva en el uso de los romances como fuente para la composición de las obras teatrales, se encuentran multitud de comedias inspiradas en la tradición nacional de estos hermosos poemas. Lope de Vega hace del *Romancero* y de las crónicas las fuentes principales para la obtención de temas para sus obras, porque como afirma Juan Luis Alborg

> España es el único país que había trasvasado a los tiempos modernos la herencia de la vieja épica heroica bajo la forma de romances; y estos romances, que, cantados o simplemente recitados, constituían la poesía más popular de Castilla, tenían familiarizado al pueblo entero con dichos héroes y sucesos. Así pues, cuando Lope los transformó de relato poético, que había que

---

[85] Ver cita número 5, página 25 de este Capítulo.

[86] Francisco Ruiz Ramón, *Historia del teatro español desde sus orígenes hasta mil novecientos* (Madrid: Alianza Editorial, 1967), págs. 126-127.

[87] Alonso Zamora, "Juan de la Cueva", *Diccionario de literatura española,* págs. 209-210.

> imaginar, en hecho vivo sobre la escena, y el pueblo pudo contemplar, milagrosamente actualizados, todos aquellos personajes que encarnaban su tradición, debió sentir, inequívocamente, la impresión de estar asistiendo a un prodigio; lo escuchado o leído se convertía en palpitante realidad...[88]

Pero para Lope de Vega el *Romancero* no es sólo recuros al que apela en busca de temas para su inspiración, sino que halla en él una forma más adecuada para la expresión dramática: el octosílabo. Su "popularismo" como lo han llamado los críticos, nace principalmente de ese mismo *Romancero.* Francisco Ruiz Ramón, hablando de ello dice, que "Su palabra es siempre rítmica, jugosa, empapada de realidad. Sensible, desde muy joven, a los versos del Romancero, aprende en él lo que podríamos llamar arte de la poesía natural y llegará a decir del romance que es composición 'envidiada de otras lenguas por la suavidad, dulzura y facilidad que tiene, y porque es capaz de cuantas locuciones y figuras puede tener la más heroica y épica...' "[89]

La extensa bibliografía que existe sobre los elementos tradicionales en el drama de Lope de Vega, da suficiente prueba de lo que se ha venido diciendo en párrafos inmediatamente anteriores.[90]

De las numerosas obras teatrales de este dramaturgo, se pueden seleccionar algunas que tienen su origen en esas fuentes, como las siguientes:

1. *Comedia de Bamba* o *El Rey Bamba* (1604) (III, 12-24)
2. *El último godo* o *El postrer godo de España* (posterior a 1604) (III, 24-76)
3. *Las Doncellas de Simancas* (III, 77-88)
4. *Las Famosas Asturianas* (1623) (III, 96-109)
5. *Las mocedades de Bernardo del Carpio* (1634) (III, 109-177)

---

[88] Juan Luis Alborg, *Historia de la literatura española,* II (Madrid: Editorial Gredos, 1967), 264.

[89] Ruiz Ramón, pág. 189.

[90] Los elementos tradicionales e históricos en que se inspiran infinidad de obras de Lope de Vega, que se relacionarán a continuación, pueden completarse mediante la lectura de los *Estudios sobre el teatro de Lope de Vega,* III, IV y V (Madrid: Librería General de Victoriano Suárez, 1922), por Marcelino Menéndez y Pelayo, y *Bibliografía de las comedias históricas tradicionales y legendarias de Lope de Vega,* por Robert B. Brown (México, D.F.: Editorial Academia, 1958).

6. *El casamiento en la muerte* (1604) (III, 177-195)
7. *El Conde Fernán González* o *Libertad de Castilla por Fernán González* (1623) (III, 237-275)
8. *El bastardo Mudarra* (1612) (III, 275-301)
9. *El labrador venturoso* (posterior a 1618) (IV, 3-10)
10. *Las Almenas de Toro* (posterior a 1618) (IV, 20-27)
11. *El caballero de Olmedo* (posterior a 1614) (V, 86-116)
12. *La bella mal maridada* (1596)[91]
13. *El Marqués de Mantua* (1596)[92]
14. *Los palacios de Galiana* (de fines del siglo XVI)[93]
15. *Entremés de Melisendra* (1605)[94]

Además, con obras como *El rey don Pedro en Madrid* y *Audiencias del rey don Pedro,* este dramaturgo lleva a la escena la tradición del rey don Pedro I, el Cruel, la cual llenaba ya muchas páginas de los romanceros.

Después de Lope de Vega, dramaturgos como don Pedro Calderón de la Barca y Agustín Moreto y Cabana, hacen de este último tema objeto de sus obras tales como *El médico de su honra*[95] y *El valiente justiciero,*[96] respectivamente. Estas comedias, al igual que sus modelos precedentes, presentan pasajes en que se han usado temas romancescos, y, además, una innumerable variedad de versos asonantados propios de los romances.

Los cambios operados en la vida y en el gusto artístico de España al alborear el siglo XVIII, con la tendencia neoclasicista y sus ideas extranjerizantes y fórmulas poéticas de importación, se llegaron a despreciar los temas y formas netamente españoles o de ficción,

---

[91] Agustín G. de Amezúa, *Una colección manuscrita y desconocida de comedias de Lope de Vega Carpio* (Madrid: Aldus, 1945), pág. 30.

[92] *Ibid.,* págs. 50-51.

[93] Sobre esta obra y la tradición de Galiana, ver Albert Luwdig *Lope de Vega Dramen aus dem karolingischen Sagenkreise* (Berlin: Mayer and Müller, 1898); Ramón Menéndez Pidal, *Poesía árabe y poesía europea* (Buenos Aires: Colección Austral, 1946), págs. 69-89, y a Alonso Zamora Vicente, *Lope de Vega, Su vida y su obra* (Madrid, Editorial Gredos, 1961).

[94] Lope de Vega Carpio, *Comedias famosas del poeta...,* Ed. por Bernardo Grassa (Valencia, 1605).

[95] Albert E. Sloman, *The Dramatic Craftmanship of Calderon* (Oxford: The Dolphin Book Co. Ltd., 1969), pág. 20.

[96] Frank P. Casa, *The Dramatic Craftmanship of Moreto* (Cambridge: Harvard University Press, 1966), págs. 84 y 86.

muy especialmente, los géneros populares. El romance, que gozó de gran popularidad en tiempos de Lope de Vega y sus seguidores, y aún hasta finales del siglo XVII, y que llegó a ser casi el único vehículo de expresión para las narraciones dentro de las comedias de la época,[97] fue casi eliminado como género poético durante este siglo XVIII, pues, como afirma José Luis Alborg, "el XVIII desatendió particularmente los géneros en que la Época Áurea había sobresalido: novela, teatro y lírica".[98] Y, ciertamente, sólo algunos poetas rindieron pleitesía al octosílabo asonantado del romance.

No obstante esa desatención en que se vio sumida la poesía nacional, hubo poetas como Juan Meléndez Valdés, probablemente el primero de ellos, a quien se considera por la crítica figura muy representativa de la lírica dieciochesca, que compuso hermosos romances inspirados en la Naturaleza, "La lluvia" y "La tarde", además de otros sobre temas personales relacionados con su propia vida, "El náufrago", "Los suspiros de un proscrito" y "Mis desengaños", que son, a juicio de Salinas, "verdaderas Poesías de confesión y confidencia".[99]

También de esta época es otro poeta de primer orden, Leandro Fernández de Moratín, que compuso, en la vena satírica, una serie de romances que inició con uno en verso endecasílabo, titulado "La toma de Granada por los Reyes Católicos don Fernando y doña Isabel", publicado el año de 1779, para más tarde publicar su romance octosílabo "Al Príncipe de la Paz en una de sus venidas a la corte desde el sitio de Aranjuez en 1780", que constituye una importante muestra de sátira anticlerical no acostumbrada en dicho poeta.[100]

Otros romances de Moratín, como "El coche en venta", "A una dama que le pidió versos", "Aguinaldo poético" y "Más vale callarse", de carácter satírico y festivo,[101] son más elogiados por la crítica.

No obstante el uso de la forma octosilábica asonantada por parte de estas dos figuras cumbres de su siglo, el período fue infausto para

---

[97] Duque de Rivas, *Romances*. Ed. por Cipriano Rivas Cherif, I (Madrid: Espasa-Calpe, 1949), 9.

[98] Alborg, *Historia*, III, 12.

[99] *Ibid.*, 459.

[100] *Ibid.*, 414-415.

[101] *Ibid.*, 414-415.

el romance. Los estudios de aquéllos que provenían de siglos anteriores así como el uso de sus temas se vieron abolidos casi por completo en el siglo de la "Ilustración", pues, como expresa don Agustín Durán en el Prólogo al *Romancero general,* "Después de mediar el siglo XVIII fué moda en Europa, y mas en España, despreciar la patria literatura, sin haber estudiado y conocido la buena de nuestros antepasados. Hacíase un vanaglorioso alarde de preferir lo extraño á lo propio, y se tenía por ignorante y bárbaro al que dudaba de la infalibilidad de los novadores. Cundió y debió cundir el contagio, porque era mas fácil ser eco de los pretendidos críticos, que estudiar bien lo antiguo para crear sobre ello; porque era mas cómodo traducir que inventar; porque costaba ménos imitar lo hecho que reformar lo pasado y conformarlo á las variaciones que debia tener". [102]

Con el advenimiento del Romanticismo en España se produce una revalorización del gusto por los romances. En 1824 el Duque de Rivas hace uso en su "Florinda", del viejo tema de la hija del Conde don Julián, la que de acuerdo con la leyenda y los romances del ciclo del rey don Rodrigo, fue seducida por el rey godo. Este tema es más conocido por el de "la Cava". [103]

Diez años más tarde, el propio autor, publicó en París su famosa obra *El moro expósito,* basada en la leyenda de "los Infantes de Lara", de extracción romancesca como la anterior. [104] Pero donde este autor llega a la cumbre de su producción dentro del género de los romances, es en la composición de sus hermosos *Romances históricos,* [105] aparecidos en el año de 1841, cuando ya se cosechaban frutos de importancia en la revolución romántica peninsular. Estos *Romances históricos* son, sin duda alguna, de las más bellas páginas de la cosecha producida por el Romanticismo hispano.

Por aquella misma época, en 1837, publicaba don Manuel Bretón de los Herreros su drama en cinco actos *Don Fernando el Emplazado,* en el que, además de utilizarse por el autor un tema de la tradición

---

[102] Durán, *Romancero general,* I, vi.
[103] duque de Rivas, *Romances,* I, viii-ix.
[104] *Ibid.,* ix.
[105] *Ibid.*

romancesca, se hace uso frecuente del octosílabo asonantado (u-o), aunque predomine la redondilla como forma estrófica general.[106]

Otro notable poeta dramático del siglo XIX, Ventura de la Vega, en drama en tres actos *Don Fernando el de Antequera,* lleva a la escena un tema muy popular en el romancero, que relacionado con la lucha de frontera, se hizo frecuente en este género de los romances. De nuevo se observan tema y forma propios del género. Representada esta última por una gran variedad de asonancias (a-e), (i-a), (e-a) y (e-o), que pueden considerarse de las más variadas del teatro español de la época.[107]

Hay que resaltar la importancia de una obra de don Antonio Gil de Zárate, el drama en cuatro actos titulado *Guzmán el Bueno,* que basado en la tradición heroica del defensor de Tarifa, nos brinda una de las más bellas manifestaciones de la poética dramática del siglo XIX español. En esta obra, cuyos personajes principales se presentan con la vida y frescura única de los romances castellanos, el autor ha logrado extraer la vida misma de los poemas que cantan aquella gesta heroica. En ella se hace uso alternado de las asonancias (a-o), (e-o), (o-a) y (a-a) en las primeras escenas del Acto I, para luego, en forma más regularizada, utilizar las combinaciones (a-o), (a-e) y (a-a) en los Actos II, III y IV.[108]

El más conocido de los dramaturgos del Romanticismo español, probablemente, don José Zorrilla y Moral. Su obra, tanto poética como teatral, está penetrada por la moda romancística. Así se aprecia en su comedia en cuatro jornadas *El caballo del rey don Sancho,* en la que hace abundante uso del verso octosílabo asonantado con otras combinaciones estróficas, especialmente las redondillas.[109]

Otras obras teatrales de Zorrilla que se deben de mencionar aquí son *El zapatero y el rey,*[110] drama en cuatro actos; *El puñal del godo,*[111]

---

[106] Manuel Bretón de los Herreros, *Obras,* II (Madrid: Imprenta de Miguel Ginesta, 1883), 7-45.

[107] Ventura de la Vega, *Don Fernando el de Antequera* (Madrid: Imprenta de Repullés, 1847).

[108] D. Antonio Gil de Zárate, *Guzmán el Bueno* (Madrid: E. Cuesta, 1888).

[109] José Zorrilla, *Obras completas: Dramas.* Ed. por Manuel P. Delgado, II (Madrid: Sucesores de Rivadeneyra, 1905), 405-467.

[110] *Ibid.,* III (Primera Parte), 295-370 y (Segunda Parte), 371-430.

[111] *Ibid.,* II, 17-34.

drama en un acto y *La calentura,*[112] drama fantástico en un acto, que se relacionan en mayor o menor escala con los temas de los romances castellanos del rey don Pedro el Cruel y el rey don Rodrigo, respectivamente.

El impulso dado al estudio de los romances por los hispanistas alemanes, primero, y los españoles amantes de las tradiciones nacionales, después, a mediados del siglo XIX, siguió su avance hasta que definitivamente se llegó a establecer por las nuevas generaciones la importancia extraordinaria de ese género poético, y con don Ramón Menéndez Pidal y sus asociados, a su culminación en este siglo XX.

Infinidad de nombres pudieran citarse para respaldar tales afirmaciones. De hecho ya se han mencionado algunos en páginas precedentes[113] al tratar sobre la definición, orígenes e importancia de este género literario. Sólo resta exponer brevemente algunas de las manifestaciones del romancero ya iniciado el siglo XX.

En 1912, Antonio Machado, poeta de renombre en la Península, y fuera de ella, publicó una serie de poemas que dedicó a Juan Ramón Jiménez, bajo el título de *La tierra de Alvargónzalez,* que contiene las más variadas asonancias, así como versos cuyas sílabas oscilan desde el octosílabo al pentasílabo.[114]

Juan Ramón Jiménez utiliza también, y desde muy temprana edad, los octosílabos asonantados en sus *Baladas de primavera* (1910), y, posteriormente, en 1948, cuando compuso sus *Romances de Coral Gables.* Sus poemas "La Isla" y "La espada", son buenas muestras de su gusto por el metro y la rima asonantada propios de los romances, que llega en algunos casos a agrupar en estrofas de cuatro y seis versos.[115]

Otro poeta notable que compone versos octosílabos asonantados es Gerardo Diego, cuyo "Romance del Fúcar", con asonancia única (u-a), constituye una exhuberante página del género romancesco en este siglo.[116]

---

[112] *Ibid.,* II, 35-55.

[113] Ver páginas 23 a 30 de este libro.

[114] Antonio Machado, *Poesías completas* (Madrid: Espasa-Calpe, 1966), págs. 109-129.

[115] J. B. Trend, *Juan Ramón Jiménez. Fifty Spanish Poems* (Oxford: The Dolphin Book Co., Ltd., 1957), págs. 32 y 44.

[116] James Fitzmaurice-Kelly y J. B. Trend, *The Oxford Book of Spanish Verse* (Oxford: Oxford University Press, 1965), págs. 416-417.

No obstante la importancia de los poetas antes citados, ninguno se adentró más en el alma del pueblo, al componer sus romances, que Federico García Lorca. Su colección *Romancero gitano* ha ganado fama universal como ninguno otro, y es la colección de romances contemporáneos más leída en la actualidad.

De sobra conocidos son el "Romance sonámbulo", probablemente mejor conocido por su primer verso que dice "Verde que te quiero verde..."; el "Romance de la luna, luna", dedicado a su hermana Conchita; el de "La casada infiel", tan popular; y, por último, el "Romance de la Guardia Civil". [117]

De los años 30 hay que tomar en consideración, como la producción cumbre de los romances épicos en este siglo, la tremenda colección que se ha denominado por la crítica "Romances de la Guerra Civil", compuestos durante y después de los hechos que sacudieron a España de 1936 a 1939, en una de las más sangrientas conflagraciones del mundo actual: la Guerra Civil. Para Eduardo Mayone Dias esta manifestación romancesca se produjo como resultado de la mezcla de ideas y el impacto emocional que causó la resistencia republicana, que "creó una atmósfera de exaltación épica que tuvo, como era inevitable, sus reflejos sobre la poesía". [118] De estos romances se han hecho colecciones varias, y su número llega a más de 900 poemas. [119]

El uso de estos temas romancescos extraídos de las crónicas, las que a su vez se alimentaban de la poesía épica, o de los romances propiamente dichos, constituye una prueba más de la difusión de dichos temas y de las formas que en ellos se inspiraban. Si, como se ha visto, Juan de la Cueva, Lope de Vega, Calderón de la Barca y Agustín Moreto, y más tarde una infinidad de autores que llegan a nuestros días tenían acceso a estas fuentes, ¿cómo podría negarse la misma posibilidad a don Miguel de Cervantes, cuando ya se ha visto lo frecuente que se había hecho la impresión de los romances en el siglo XVI, además de la siempre existente tradición oral del propio género?

---

[117] Federico García Lorca, *Obras completas.* Ed. por Arturo del Hoyo (Madrid: Aguilar, 1971), págs. 425-467.

[118] Eduardo Mayones Dias, "Los Romances de la Guerra Civil de España: ¿Literatura Comprometida?". *Hispania,* LI (1968), 433-439.

[119] *Ibid.,* 434.

CAPÍTULO II

ROMANCES CONTENIDOS EN EL *QUIJOTE*

EN este capítulo se estudiarán aquellos pasajes del *Quijote* en los que el autor ha utilizado elementos romancescos, bien porque se incluyan versos octosílabos provenientes de romances, alterándolos o no, o porque se mencionen en la novela personajes o situaciones propios de estos romances, como parte de la prosa.

La primera alusión a personajes de romances que se observa en el *Quijote* está incluida en su Prólogo. Se trata de dos personajes de poca importancia y certeza. El Preste Juan de las Indias[1] y el emperador de Trapisonda,[2] que se sugieren por un supuesto amigo

---

[1] El Preste Juan de las Indias, personaje de origen dudoso, aparece en el romance número 373, verso número 65, del *Romancero general* de Agustín Durán. También se le menciona en el romance número 1150, verso número 233 del propio *Romancero.* El primero es un romance de autor anónimo, sobre el tema de "Calaynos". La conexión del *Quijote* con el romance está dada por Agustín Durán en nota al final de dicho poema, en la página 246 del volumen I del referido *Romancero general.* Este romance no dice mucho:

> Y el Preste Juan de las Indias
> Siempre parias me enviaba,

así que su uso por Cervantes sólo se limita al nombre, con la misma extensión que el romance lo hace. Menos aún dice el segundo romance.

[2] Este personaje aparece mezclado con otros de tradición carolingia. Trapisonda es un país imaginario de la tradición de Amadís y del caballero del Febo. Así lo hace constar Agustín Durán en nota al pie del romance número 338 de su *Romancero.* Vuelve a aparecer en los romances números 345 (verso 12), sobre el mismo asunto del "caballero del Febo", y 371 (verso 354), sobre la "Conquista del Imperio de Trapisonda por Reinaldos", de la propia colección de Durán, y que pertenece al llamado ciclo carolingio.

del autor para "ahijar" algunos de los poemas introductorios que, según Cervantes, faltaban para adornar la obra.[3] Estos personajes aparecerán mencionados de nuevo en los Capítulos 47 y 49 de la Parte Primera, respectivamente. El primero, cuando el Canónigo de Toledo trató de ofrecer su juicio contrario a los libros de caballerías, después de haber escuchado al Cura explicar la situación de don Quijote, que iba encerrado en una jaula, y custodiado por cuadrilleros de la Santa Hermandad. Y, el segundo, el emperador de Trapisonda, cuando el propio Canónigo trataba de saber cómo era posible que don Quijote hubiera creído en la existencia de tanto caballero, incluyendo a dicho emperador. Por supuesto, el Prólogo al lector fue escrito último, a pesar de que está situado al principio del *Quijote*. Cervantes dice que él no deseaba escribirlo, pero, al mismo tiempo, sabía que estaba cumpliendo con una importante costumbre renacentista. Naturalmente, Cervantes había introducido ya todos los elementos romancescos de la primera parte cuando escribió el Prólogo. De igual forma se aprecia una gran influencia de León Hebreo antes de mencionarle en dicho Prólogo.

De los temas extranjeros que inspiraron romances, y entre ellos, los más populares, están los del llamado ciclo carolingio. Los mismos han permanecido en España desde hace más de siete siglos, y su influencia notable en el género romancesco se aprecia considerablemente. Uno de dichos temas, el de "Roldán", en algunos casos se trasmitió a otros países europeos y a través de ellos llegó a la Península. De todos, el más famoso, y probablemente el que más ha

---

[3] Cervantes, en uso de su técnica de escritor hábil, presenta en este pasaje una dificultad para la publicación de la novela. Él sabe bien que tal dificultad no existe, pero así tiene la oportunidad para dejar saber al público lector que él tiene benefactores y amigos de la jerarquía social. Además, le permite criticar a los autores de la época:

> De todo esto ha de carecer mi libro, porque ni tengo qué acotar en el margen, ni qué anotar al fin, ni menos sé qué autores sigo en él, para ponerlos al principio, como hacen todos, por las letras del A B C, comenzando en Aristóteles y acabando en Xenofonte y en Zoilo o Zeuxis, aunque fué maldiciente el uno y pintor el otro. También ha de carecer mi libro de sonetos al principio, á lo menos, de sonetos cuyos autores sean duques, marqueses, condes, obispos, damas ó poetas celebérrimos; aunque si yo los pidiese á dos ó tres oficiales amigos, yo sé que me los darían, y tales, que no se igualasen los de aquellos que tienen más nombre en nuestra España. (I, Prólogo; I, 12)

influido en la literatura castellana, es el *Orlando furioso,* de Ludovico Ariosto, que tuvo mucha popularidad en España desde mediados del siglo XVI. Esta popularidad se reflejó en el romancero, inspirando una serie de romances caballerescos.[4]

Cervantes hace uso del tema y le incluye en dos ocasiones en sus versos de cabo roto y en el soneto de "Orlando Furioso á don Quijote de la Mancha" (I; I, 41), que aparecen al inicio de la Primera Parte del *Quijote,* mediante el uso de referencias a Orlando y a su amada Angélica.[5] Más adelante se observan otros pasajes relacionados con el mismo tema. Cuando don Quijote va a imitar a Amadís y a Roldán en la Peña Pobre, según explica don Quijote a Sancho (I, 25; II, 290) y (I, 26; II, 324-326), y en el momento en que la Dolorida expone a Sancho la razón que tuvieron para dar el nombre a Clavileño, comparándolo con Rocinante, con el que –según ella–, compite el Alígero (II, 40; VII, 59-60).

También en los versos de cabo roto a que se ha hecho mención en párrafos anteriores, se incluye a un personaje de suma importancia en la historia y la literatura española: don Álvaro de Luna. El autor incluye este personaje una sola vez dentro de la novela. La razón que tuvo Cervantes para no hacer uso mayor de tan importante figura, no parece ser otra que la de evitar hacer alusión a los tristes hechos acaecidos al final de la vida del Condestable, que únicamente hubieran servido para nublar la belleza de la obra.[6]

---

[4] Durán, I, 267-283. El *Orlando furioso* de Ariosto constituye la forma más acabada de un poema incompleto compuesto por Mateo María Boyardo, publicado por primera vez el año de 1495, bajo el título de *Orlando innamorato.* Jerónimo de Urrea tradujo el *Orlando furioso,* y fue publicado en Amberes, en 1549 y 1558, en la casa de Martín Nucio. Desde entonces gozó de gran popularidad en toda España. Rodríguez Marín halla estrecha relación entre los versos de cabo roto que mencionan el "Orlando furio-;" y el célebre poema italiano. (Ver nota número 9, I, 30.)

[5] También hace uso Cervantes del *Orlando enamorado* de Boyardo en el pasaje que dice:

> –Engáñaste en eso –dijo don Quijote–; porque no habremos estado dos horas por estas encrucijadas, cuando veamos más armados que los que vinieron sobre Albraca, á la conquista de Angélica la Bella. (I, 10; I, 240. Ver también nota número 4)

[6] Don Álvaro de Luna, privado del rey don Juan II y Condestable de Castilla, es una de las figuras más relevantes de la historia de España. Su azarosa vida desde la caída de su poderosa posición política, y, en particular, su desgraciada muerte, han sido fuentes de romances. Los romances números 986 al 1020; 1055, 1204 y 1206 del *Romancero general* de Agustín Durán, son testimonio del uso de este tema.

La presencia del *Amadís de Gaula* en España desde 1508, fecha en que se publicó por Garci Rodríguez de Montalvo en Zaragoza (y, probablemente, desde mucho antes como lo prueba la mención hecha en su *Rimado de Palacio* el Canciller Pero López de Ayala, quien leyó alguna forma de esta obra en el siglo XIV[7]), hace que con esa tradición y sus herederos literarios, lleguen a la Península un sinnúmero de situaciones o personajes relacionados con el protagonista de la novela de caballería, se asimilen al acervo popular e invadan, aunque en menor escala, la poesía popular de los romances.

A pesar de que la mayoría de los pasajes del *Quijote* relacionados con el tema de "Amadís" tienen su origen en el libro de caballería que cuenta sus aventuras, lo que prueba que Cervantes lo conocía muy bien, no se puede desconocer la existencia de unos pocos romances inspirados en este tema, y cuyos elementos están identificados con algunas de las situaciones contempladas en el *Quijote*, lo cual hace pensar que Cervantes sabía de la existencia de estos poemas,[8] sobre todo si se observan las indudables relaciones que hay entre la novela cervantina y la poesía narrativa a que se está haciendo referencia.

La escasa producción de romances en este ciclo de Amadís, si bien demuestra el poco entusiasmo despertado en los poetas españoles por el asunto, permite hacer más efectivamente la comparación de todos los elementos aportados por la novela y por los romances, en su caso, a la obra de Cervantes.

Así, en el soneto de "Amadís de Gaula á don Quijote de la Mancha", Cervantes está presentando una situación similar a la que se observa en los versos números 3 y 4 del romance número 336 antes mencionado, que dicen:

---

[7] Pero López de Ayala, *Poesías del Canciller Pero López de Ayala*. Ed. por Albert F. Kuersteiner. I (New York: The Hispanic Society of America, 1920), 29. La copla número 162, dice:

Plogo me otrosi oyr muchas vegadas
Libros de deuaneos & de mentiras prouadas,
Amadis, Lançalote, & burlas estancadas,
En que perdi mi tienpo a muy malas jornadas.

[8] Durán, I, romances número 335, 336, 337 y 1890.

De lágrimas de sus ojos
El campo tiene regado[9]

En el *Quijote,* en el primer verso del soneto que aquí se comenta, al decir "Tú, que imitaste la llorosa vida", Cervantes se refiere a la misma situación anímica del héroe, y al usar el sustantivo "vida" lo hace simplemente para indicar lo mismo que el poeta del romance intentaba en los referidos versos, como sinónimo de gran cantidad.[10]

Otros pasajes de la novela de Cervantes carecen de relación con el romancero, o, cuando más, sólo una mínima conexión es observada. La mayoría de las veces este autor sólo usa elementos provenientes del libro de caballería. Una pequeña semejanza se encuentra, sin embargo, entre el *Quijote* y los romances de Amadís, cuando don Quijote reitera a Sancho su intención de imitar al héroe galés yendo, amo y criado, hacia la Sierra Morena (I, 25; II, 290), y una pequeña relación entre el pasaje en que don Quijote –ya en Sierra Morena–, confiesa estar enterado de la forma calmada en que Amadís se retiró a la Peña Pobre donde "al verse desdeñado de su señora Oriana", "se hartó de llorar", como sucede en el romance número 336, antes citado (I, 26; II, 326).

Más tarde, en la Segunda Parte de su novela, Cervantes hace uso de nuevo del tema de "Amadís", en cuya ocasión parece seguir más directamente el espíritu presente en los romances 335 y 336, haciendo alarde de la honestidad y lealtad desplegada por Amadís, las cuales don Quijote estaba tratando de igualar, a la vez que proteger, manteniéndose alejado de las posibles tentaciones (II, 44; VII, 132-133).

Cervantes fue un escritor que no desperdició ningún elemento de apoyo a su obra, por simple que este fuera. En los versos que se han mencionado ya, que aparecen al principio de su *Quijote,* no dudó en

[9] Este romance, que comienza con un verso que dice: "En la selva está Amadís", tiene igual principio que el siguiente en la propia colección de Durán, pero difiere de éste en el resto de su contenido.

[10] Sobre la frecuencia con que Amadís llora por amor a Oriana, dentro de la novela de caballería, además de las referencias cervantinas en el *Quijote,* debe verse el capítulo XLIV. *Amadís de Gaula.* Ed. por Edwin E. Place. II (Madrid: Consejo Superior de Investigaciones Científicas, Instituto "Miguel de Cervantes", 1962), 361, entre otros.

lo más mínimo, en utilizar el nombre del caballo del Cid, Babieca, como punto de comparación con su Rocinante,

> Soy Rocinante el famo-,
> Biznieto del gran Babie-;
> (I, I, 40)

Aquí el parentesco atribuido al caballo de don Quijote, le hace entrar en el mundo de los romances. Son numerosas las veces que el nombre Babieca se repite en el romancero castellano.[11] Sin embargo, Cervantes no lo usa en igual profusión en su novela. Sólo en tres oportunidades más se encuentra el caballo del Cid en el texto de Cervantes. A don Quijote "le pareció que ni el Bucéfalo de Alejandro ni Babieca el del Cid", se igualaban a su Rocinante (I, 1; I, 61). Más tarde, don Quijote responde al Canónigo de Toledo, a quien se ha hecho mención con anterioridad, al contestarle su diatriba contra los libros de caballerías, interrogándole:

> Pues ¿quién podrá negar no ser verdadera la historia de Pierres y la linda Magalona, pues aun hasta hoy día se vee en la armería de los Reyes la clavija con que volvía al caballo de madera sobre quien iba el valiente Pierres por los aires, que es un poco mayor que un timón de carreta? Y junto á la clavija está la silla de Babieca, (I, 49; IV, 268)

En este pasaje Cervantes sigue su técnica de comparación observada en muchas ocasiones dentro de la novela, en este caso indirecta, pero comparación al fin.

El propio Canónigo vuelve a mencionar al caballo del Cid, cuando aceptando parte del discurso de don Quijote, confiesa también su ignorancia acerca de la existencia de la clavija del caballo de madera de Pierres y Magalona "que está junto á la silla de Babieca en la armería de los Reyes" (I, 59; IV, 272), agregando así un poco más de valor al propio Rocinante, con el que le había comparado anteriormente.

---

[11] En más de treinta oportunidades aparece el nombre de Babieca en los romances del Cid. Su uso, sin embargo, dista mucho del que se ve en el *Quijote*. Sólo dos romances, los números 885 y 897 de Durán, tienen elogiosos versos sobre este famoso caballo que se puedan comparar con los pasajes de Cervantes en su novela.

Dentro de la propia tradición de Amadís se encuentra en el *Quijote* una referencia al palacio de Miraflores, donde estaba residiendo Oriana mientras Amadís hacía penitencia en la Peña Pobre.

Cervantes hace confesar a Oriana, no sólo que el célebre palacio de Miraflores estaría mejor situado en el Toboso que en la Bretaña, sino que llega a desear el cambio de Londres (pluralizado para dar mayor énfasis), por la aldea de Dulcinea, situación ésta que guarda relación íntima con el romance que dice: "Despues que el muy esforzado / Amadís, que fué de Gaula".[12] En el romance, Amadís abandona la Peña Pobre para dirigirse al "palacio de Miraflores" donde ambos amantes se solazan en manera indescriptible. Cervantes, utilizando igual economía de vocablos que el poeta del romance, en un solo verso, logra expresar igual deseo de esparcimiento que el observado en el romance. En su novela, en el soneto antes mencionado, el autor quiere resaltar la ventaja que lograrían Amadís y Oriana, si este palacio, escenario de sus amores, estuviera en el Toboso. ¿Podría encontrarse una forma más inteligente de hacer notar la importancia del Toboso, lugar de residencia de la dama ideal de don Quijote, que la utilizada por Cervantes en el soneto de "La señora Oriana á Dulcinea del Toboso?"[13] (I; I, 36-37).

El romance que aquí se discute, apareció en el *Cancionero de romances sin año,*[14] y la peculiar situación creada por el poco entusiasmo observado en relación con el tema de "Amadís", hace pensar que debieron de ser estos romances muy conocidos del pueblo para poder mantenerse vivos en la memoria de la gente, y que, por haberse publicado con tanta anticipación en relación con la

---

[12] Durán, I, 185b-186a, romance número 337.

[13] La primera estrofa del soneto, dice:

> ¡Oh, quién tuviera, hermosa Dulcinea,
> Por más comodidad y más reposo,
> Á Miraflores puesto en el Toboso,
> Y trocara sus Londres con tu aldea.

La soledad de la aldea contribuiría sin duda al mejor aprovechamiento de su liberalidad. No debió de ser otra la intención de Cervantes al transferir el espíritu del romance en su soneto.

[14] *Cancionero de romances sin año,* folio 263, vuelto. Solamente se vuelve a mencionar a "Miraflores" en el romance número 1890, el cual según Durán, debiera ser incluido entre los otros tres, 335 al 337. Su poca atracción para los poetas del romancero se ve reflejada también en el autor del *Quijote,* quien no lo vuelve a mencionar.

fecha de la publicación del *Quijote,* se asegura así el conocimiento de dichos romances por parte de Cervantes.

Si el tema de "Amadís" llegó a la novela cervantina más por vía del libro de caballería, el del "caballero del Febo" lo hizo a través del romancero. [15] Dos pasajes del *Quijote* tienen estrecha relación con los romances, no por participación directa de este caballero, sino por influencia indirecta de algunas situaciones que aparecen en los romances a él dedicados.

La primera oportunidad en que se observa tal influencia se encuentra en el momento en que don Quijote, ya en la Sierra Morena, después de advertir a Sancho Panza de sus intenciones y deseos de ser observado en cuanto hiciera para mayor efectividad en su misión ante Dulcinea, baja de su cabalgadura, y "dándole una palmada en las ancas, le dijo

> –Libertad te da el que sin ella queda, ¡oh caballo tan extremado por tus obras cuan desdichado por tu suerte! Vete por do quisieres; que en la frente llevas escrito que no te igualó en ligereza el Hipogrifo de Astolfo, ni el nombrado Frontino, que tan caro le costó á Bradamante. (I, 25; II, 297)

Este pasaje está basado en los versos números 11 al 24 del romance número 348 del *Romancero* de Agustín Durán, que dicen:

> –!Oh caballo venturoso,
> Cuando en compañía andabas
> De aquel príncipe potente
> Que del Catayo se llama
> Y agora por gran desdicha
> Con esta triste compaña
> Que tantas veces por tí
> De sus contrarios triunfaba,
> Por ser el mas extremado

[15] El romancero castellano acogió con mucho más entusiasmo al tema del "caballero del Febo" que al de "Amadís". Este personaje, que tiene origen galés al igual que Amadís de Gaula, y que forma parte de su descendencia, impresionó grandemente a Lucas Rodríguez quien le dedicó trece romances que aparecen en el *Romancero general* de Durán, con los números 338 al 350. Su presencia en el *Quijote,* sin embargo, es mucho menor que la de su antecesor Amadís.

Que en todo el mundo se halla!
Quédate adios, porque voy
A recebir muerte brava,
Para dar contento á aquella
Que en todo me rige y manda.[16]

Cervantes cambia y ajusta las situaciones a la medida de sus deseos. Al trasladar el contenido de estos versos del romance a la prosa de su novela, lo hace utilizando incluso algunos de los vocablos de que hiciera uso Lucas Rodríguez en el poema, y realmente no se necesitaría más para descubrir la relación entre ambos. Aquí mezcla Cervantes dos temas, el de "Amadís" y el del "caballero del Febo".

Más adelante, en la Segunda Parte de la novela, el narrador cuenta que al llegar don Quijote y Sancho a orillas del río Ebro,

> se le ofreció á la vista un pequeño barco sin remos ni otras jarcias algunas, que estaba atado en la orilla á un tronco de un árbol que en la ribera estaba. Miró don Quijote á todas partes, y no vió persona alguna; y luego, sin más ni más, se apeó de Rocinante y mandó á Sancho que lo mesmo hiciese del rucio, y que á entrambas bestias las atase muy bien, juntas, al tronco de un álamo ó sauce que allí estaba. (II, 29; VI, 206)

Y poco después, agrega:

> Y dando un salto en él, siguiéndole Sancho, cortó el cordel, y el barco se fué apartando poco á poco de la ribera; y cuando Sancho se vió obra de dos varas dentro del río, comenzó á temblar, temiendo su perdición; pero ninguna cosa le dió más penas que el oir roznar al rucio y ver el que Rocinante pugnaba por desatarse, (II, 29; VI, 209)

Es indudable la relación que existe entre el romance de Lucas Rodríguez que dice: "Hallábase el alto Apolo / Muy molido y fatigado".[17] y estos pasajes de la aventura de don Quijote y el barco

---

[16] Durán, I, 195.
[17] Durán, I, 194b-195a. Romance número 347, versos 50 al 66, que dicen:

Riberas del mar se ha hallado
Adonde vió que un navío

encantado. Algunas de las frases contenidas en el párrafo de la novela casi se copian al pie de la letra de los versos del romance citado. Cervantes cambia, como hace en otras oportunidades, la geografía en que se desarrollan los hechos, "río Ebro" por "mar", "mástil" por "tronco de un árbol", pero, en esencia, todo sucede tal y como lo narra el romance. Nótese que en la novela don Quijote entra en el barco con su escudero, dejando atada la caballería en la ribera, y, en el romance, el del Febo, entra con su cabalgadura.

De los romances del "caballero del Febo" procede un personaje mencionado en el ya referido soneto que este caballero dedicó a don Quijote de la Mancha: Claridiana.

Sólo una vez es mencionada por Cervantes la princesa enamorada del Febo. Únicamente contempla, además, el amor del "caballero del Febo" por Claridiana, pero nada dice de los tormentos sufridos por la hermosa dama como consecuencia de los amoríos de su amado con Lindabrides, tal como se narra en algunos de los romances sobre este caballero.[18]

Una simple mención que hace Cervantes al "Caballero del Febo" poco más adelante, refleja el valor de dicho caballero tantas veces aludido por Lucas Rodríguez en los romances antes citados. Cervantes le cita como ejemplo de valor en las "competencias" que tuvo don Quijote con el cura del pueblo y con el barbero, maese Nicolás,

---

Estaba á un mástil atado.
No vido gente ninguna
De quien pueda ser mandado,
Y así con mucho contento
Del caballo se ha arrojado,
Y metiéndose con él
El navío ha desatado.
Pero aun no lo hubo bien hecho
Cuando se quedó admirado,
Porque con gran lijereza
El navío ha caminado,
Sin que pueda ver de quien
Pudiese ser gobernado:
Pero bien entendió luego
Ser el navío encantado.

[18] Durán, I, romances números 338, 341, 342, 343, 344, 345, 346 y 349.

para quien era el del Febo, la máxima expresión de la caballería[19] (I, 1; I, 56).

Uno de los temas más importantes en la literatura española lo es el "del Cid". No sólo porque este personaje histórico inspiró un poema de la envergadura del *Cantar de Mío Cid,* sino porque históricamente es una figura señera de la Reconquista.

Este tema influye en don Miguel de Cervantes, quien lo utiliza por primera vez en el comienzo de la novela. Una simple alusión al personaje, que refleja el conocimiento, por parte del autor de la novela, del grupo de romances que integra el llamado *Romancero del Cid.*[20] Cervantes solamente hace referencia aquí a la calidad de dicho caballero, cuando dice que "el Cid Ruy Díaz había sido muy buen caballero; pero que no tenía que ver con el Caballero de la Ardiente Espada". Es también la primera manifestación de la fantasía de don Quijote, como producto de sus lecturas (I, 1; I, 57). Esta simple mención sin duda es producto de la influencia romancesca. Resulta fácil apreciar de la lectura de los romances dedicados al Cid esa calidad de "buen caballero" a que se refiere Cervantes. Desde su infancia, cuenta la tradición cidiana, Rodrigo Díaz de Vivar, tomaba

---

[19] Durán, I, 186. Romance número 338, versos número 1 al 16, que dicen:

El gran hijo de Trebacio
Que por sucesión venía
A ser alto emperador
De Grecia, donde asitia,
Llamado por nombre el Febo;
Flor de la caballería,
Ejemplo de la virtud
Dechado de lozanía;
El que nunca igual halló
En esfuerzo y valentía,
El que siempre sujetó
A toda la paganía,
El que con solo su nombre
Los agravios deshacia,
El que á todos excedió
En mesura y cortesía:

En estos versos se deja establecida la calidad de este caballero, que se repetirá en la mayoría de los romances sobre este tema, aunque en forma diversa, cuya idea fue captada por Cervantes y llevada a la novela.

[20] Durán, I, 478b-575a.

en serio el ejercicio de la caballería.[21] Cualquiera de los romances que contiene el *Romancero general* de los inspirados en este tema "del Cid", nos da buena prueba de sus habilidades caballerescas.

Poco más adelante, en el propio capítulo primero, se vuelve a mencionar al Cid, esta vez para identificar a su caballo Babieca.[22]

Otra influencia observada en el *Quijote* que hay que atribuir directamente al tema romancesco "del Cid", se halla en el pasaje que cuenta el momento en que don Quijote, recuperado en parte de las puñadas que le diera el arriero amigo de Maritornes, cuando se creyó que ésta le había faltado a la palabra de verse aquella noche con él en su lecho –dice el narrador–, que "con el mesmo tono de voz con que el día antes había llamado á su escudero, cuando estaba tendido en el val de las estacas", comenzó a llamar a Sancho (I, 17; II, 49).

Aquí Cervantes hace uso del primer verso que aparece en dos romances "del Cid",[23] y que con una muy ligera variación, se introduce en la novela como parte de la prosa.

Sobre este mismo tema, se toma el pasaje del *Quijote* que refiere el momento en que el Cid rompió la silla que debía ocupar el rey de Francia en una audiencia con su Santidad el Papa. El haber situado la silla del rey de Francia junto al Papa, y en lugar más destacado que la del rey de Castilla, don Fernando, fue juzgado por el Cid como una falta de respeto hacia su rey.

Conviene hacer notar un aspecto interesante de la variante cervantina de esta historia del Cid. El autor del *Quijote* recibe la información de esta audiencia en que intervienen siete reyes cristia-

---

[21] Durán, I, 478b. Romance número 724. En este romance, que pertenece a la tradición cidiana romancesca, se relata un episodio sólo contenido en el poema. Debe considerarse como de suma importancia, ya que expone una aventura sucedida durante su primera juventud. Aunque no hay antecedentes cronicales, no por eso debe rechazarse como válido.

[22] Ver nota número 11 al pie de la página 62.

[23] Durán, I, 491b-492a y 492b-493a, respectivamente. Ambos poemas tratan, en forma diversa, sobre relaciones entre el Cid y un rey moro, cuyo nombre no se menciona en el primer poema (número 750), y, que en el segundo (número 752), se llama Abdalla. El verso en cuestión, que se repite en ambos romances, y que dice: "Por el val de las Estacas", se altera muy poco por Cervantes al llevarlo a la novela. Un simple cambio de la preposición "por" de los romances, por la preposición "en", que en nada interfiere con el significado del verso.

nos que se reunirían con el Papa en la iglesia de San Pedro,[24] y la modifica cambiando la situación al decir que "quebró la silla del embajador de aquel rey delante de su Santidad del Papa" (I, 19; II, 119).

Esa actitud arrogante del Cid que se describe en la novela, es la misma que se contempla en el romance que le sirvió de fuente, aunque cambiando, como se ha visto, el rango de los personajes que se relacionan en el episodio.

Para Cervantes, al igual que para los valencianos, el Cid se considera héroe de aquella provincia. La importancia que éstos daban a sus hazañas es aún observada hoy día. Así, cuando el Canónigo, tratando de convencer a don Quijote de lo vana que era la caballería andante, le recomienda la lectura de la Sagrada Escritura, le dice:

> Un Viriato tuvo Lusitania, un César Roma, un Anibal Cartago, un Alejandro Grecia, un conde Fernán González Castilla, un Cid Valencia, un Gonzalo Fernández Andalucía, un Diego García de Paredes Extremadura, un Garci Pérez de Vargas Jerez, un Garcilaso Toledo, un don Miguel de León Sevilla, cuya leción de sus

---

[24] Durán, I, 494b-495a, romance número 756, versos números 13 al 26, dicen:

En la iglesia de San Pedro
Don Rodrigo había entrado,
Do vido las siete sillas
De siete reyes cristianos
Y vió la del rey de Francia
Junto á la del Padre Santo,
Y la del Rey su señor
Un estado mas abajo
Fuése á la del rey de Francia
Con el pié la ha derribado;
La silla era de marfil,
Hecho la ha cuatro pedazos,
Y tomó la de su Rey
Y subióla en lo mas alto...

Nótese que en este romance el poeta se refiere al rey de Francia, y no a un embajador. Además, que el poeta destaca, mediante el uso de letra mayúscula, para indicar el título, la figura del rey castellano, realzando de ese modo, la personalidad de su monarca, bien de acuerdo con la intención demostrada del Cid.

> valerosos hechos puede entretener, enseñar, deleitar y admirar á los más altos ingenios que los leyeren. (I, 49; IV, 263-264)

ahijando de este modo a Valencia el héroe castellano.[25]

Poco más adelante el propio Canónigo le dice a don Quijote que no puede negar la certeza de algunas cosas de las que este último ha dicho, pero con algunas reservas, agregando

> En lo de que hubo Cid no hay duda, ni menos Bernardo del Carpio; pero de que hicieron las hazañas que dicen creo que la hay muy grande. (I, 49; IV, 272)

Reconoce el Canónigo la existencia indiscutible del Cid, pero sin embargo, duda de algunos de los actos heroicos a él atribuidos,[26] cerrando de esta forma la participación del Cid, como tema romancesco, en la elaboración de la novela.

Uno de los episodios más conocidos del *Quijote,* es el de las bodas de Camacho. La participación del héroe de la novela en éstas, incluyendo el final accidentado de las mismas, y la elocuencia y valor que dicho caballero demostró al momento del incidente de Basilio, hizo que los jóvenes esposos se desvivieran en atenciones y le tuvieran "por un Cid en las armas y por un Cicerón en la elocuencia" (II, 22; VI, 69).

Como se ha podido observar, Cervantes no pierde ninguna oportunidad que le permita realzar la figura de su héroe, o de cualesquiera de los elementos de su novela. Esta vez lo hace mediante la comparación del mismo con el valeroso Cid Campeador. Esa mención aislada del novelista al caballero castellano, no es otra cosa que la prueba de la constante relación e influencia del poderoso

---

[25] Sobre las hazañas del Cid y su gente por la conquista de Valencia, y la retención de esta importante plaza, tratan los romances números 322, 835, 836, 837, 840, 842, 843, 844, 845, 846, 847, 848, 849, 854, 855, 856, 857, 858, 859, 860, 880, 890, 892, 893, 894 y 895 del *Romancero general* de Agustín Durán.

El Cid había conquistado a Valencia y la mantenía como joya suprema. Allí vivió hasta su muerte en compañía de su familia, y sus restos fueron trasladados –según sus propios deseos–, a Castilla.

[26] Sobre estas hazañas tratan los romances citados en la nota anterior, y algunos de ellos exageran un poco los actos heroicos narrados.

tema "del Cid", que no debiera tener otro origen que el de los romances.

La última relación existente entre el tema "del Cid" y la novela cervantina, ocurre cuando la Duquesa invita a Sancho Panza para que se siente a platicar con ella y unas doncellas de su servicio, durante el tiempo de la siesta. Comienza Cervantes el capítulo 33 de la Parte Segunda, diciendo:

> Cuenta, pues, la historia, que Sancho no durmió aquella siesta, sino que, por cumplir su palabra, vino en comiendo á ver á la Duquesa; la cual, con el gusto que tenía de oirle, le hizo sentar junto á sí en una silla baja, aunque Sancho, de puro bien criado, no quería sentarse; pero la Duquesa le dijo que se sentase como gobernador y hablase como escudero, puesto que por entrambas cosas merecía el mismo escaño del Cid Rui Díaz Campeador.[27] (II, 33; VI, 287)

En el romance de Lorenzo de Sepúlveda que aparece en el *Romancero general* de Durán (número 876), se contempla el tema "del escaño" del Cid aquí comentado. Los versos 34 al 42 de dicho romance, introducen el tema en el romancero "del Cid",

> Hasta que sea otro día.
> Todos llevan el escaño,
> Que es hermoso á maravilla,
> Sus espadas á los cuellos,
> !Oh qué bien que parecian!
> Pusieron el rico escaño
> Donde el Cid mandado había,
> Cubierto de ricos paños
> De oro, seda y pedrería.[28]

El poeta del romance vuelve a mencionar "el escaño" en otros versos del mismo poema.[29]

---

[27] Ver nota número 14, al pie de la página 287 del volumen VI del *Quijote.* Para Rodríguez Marín, este escaño del Cid es el mencionado en la *Crónica del Cid.* Sin embargo, sería más adecuado pensar que Cervantes tenía, como cualquier ciudadano, más acceso a los romances que las crónicas. Sobre este asunto ver Menéndez Pidal, *Romancero hispánico,* I, 301-307 y II, 22.

[28] Lorenzo de Sepúlveda, *Silva de romances,* 1561.

[29] Durán, I, 553b-554b. Versos 25, 33, 39, 51, 94 y 105.

La burla de la Duquesa llegó a tal exageración, que comparó a Sancho Panza con el Cid en cuanto a merecer tal distinción como era la de usar el escaño de éste último. Es necesario hacer notar que tal hecho situaba a Sancho no sólo a la altura del Cid, sino también a la del mismo rey de Castilla, don Alfonso el Bravo, pues el Cid ordenó, según la tradición, poner su "escaño" junto al de este rey.

Un personaje de significación dentro de las tradiciones caballerescas españolas lo es Bernardo del Carpio. Aunque su presencia en el *Quijote* no es tan abundante como debiera de esperarse, no cabe duda que refleja un buen conocimiento del personaje, por la forma en que el autor de la novela, le da un tratamiento especial al expresar los sentimientos de don Quijote hacia él "porque en Roncesvalles había muerto á Roldán el encantado, valiéndose de la industria de Hércules, cuando ahogó á Anteo, el hijo de la Tierra, entre los brazos" (I, 1; I, 57).

Tal tradición de Bernardo del Carpio estrangulando a Roldán entre los brazos no llegó a alcanzar a los romances, al menos aquellos conocidos. Durán, en nota al pie del romance número 398 de su *Romancero,* al comentar acerca de la forma en que el paladín Roldán muere al ver al emperador, dice que

> Según la *Crónica de Turpin,* Carlo-Magno no se halló en esta batalla. Sin embargo el anacronismo del poeta da lugar á una situación grande, interesante y bella. El invulnerable paladin que no puede morir herido en la batalla, perece de dolor y pena al ver á su rey destrozado y vencido, y muertos á todos sus hermanos de armas. Vale mas esta catástrofe que la inventada por los españoles, donde se supone á Roldán ahogado entre los brazos de Bernardo del Carpio, como lo fué Anteo por Hércules.[30]

---

[30] Durán, I, 264. Los romances de Bernardo del Carpio nada dicen sobre la forma en que él mató a Roldán. Tan solo mencionan el resultado de la batalla de Roncesvalles, donde "Murió Roldán y Oliveros / Con toda la flor de Francia" (romance número 651, versos 74 y 75). Bernardo, personaje fabuloso al que ya se ha hecho referencia anteriormente, aquí sólo es producto de la tradición legendaria. Cervantes atribuye ciertas circunstancias de la tradición no romancesca, en lo concerniente a la muerte de Roldán en igualdad de condiciones que las ocurridas a la muerte de Anteo, apartándose de la temática y circunstancias del romancero, al hacer uso de esta versión legendaria.

Sobre este asunto ver Theodor Heinermann, *Untersuchungen zur Entstehung der Sage von Bernardo del Carpio,* n.º 2, Studien über Amerika und Spanien (Halle: Max

Pero la simpatía expresada por el narrador del *Quijote* hacia Bernardo no debe ser motivo de extrañeza. El patriotismo del autor, demostrado a cabalidad a bordo de "La Marquesa", al momento de producirse la batalla de Lepanto, es suficiente para dejarse seducir por los versos inflamados de algunos de los pasajes contenidos en los romances de Bernardo del Carpio, como sucede en los que dicen:

> ¡Viva el famoso Bernardo,
> Libertador de los hombres,
> Que el infame yugo abate
> Y extranjeras opresiones![31]

Pero Cervantes no solamente hace uso del pasaje que envuelve a Anteo tal y como él lo reelabora en el lugar indicado. Más adelante vuelve a hacer uso del mismo en los capítulos 26, Parte Primera,[32] y 32, Parte Segunda.[33]

Niemeyer Verlag, 1927), 29 y 38. El profesor Heinermann estudia en este trabajo la tradición de Bernardo del Carpio a que se refiere Cervantes en este pasaje.

[31] Durán, I, 428b. Romance número 642, versos 41 al 44.

[32] Cuando en Sierra Morena don Quijote hacía planes para la penitencia que se había impuesto por la amada Dulcinea, piensa en Roldán, a quien trataba de imitar conjuntamente con Amadís, se dice a sí mismo:

> Si Roldán fué tan buen caballero y tan valiente como todos dicen, ¿qué maravilla, pues, al fin, era encantado, y no le podía matar nadie si no era metiéndole un alfiler de á blanca por la punta del pie, y él traía siempre zapatos con siete suelas de hierro? Aunque no le valieron tretas contra Bernardo del Carpio, que se las entendió, y le ahogó entre los brazos en Roncesvalles. (I, 26; II, 324)

[33] Luego, al referirse don Quijote a la gracia de encantamiento de algunos caballeros, le dice a la Duquesa

> como es cosa averiguada que todos ó los más caballeros andantes y famosos, uno tenga gracia de no poder ser encantado. otro, de ser tan impenetrables carnes, que no pueda ser herido, como lo fué el famoso Roldán, uno de los doce Pares de Francia, de quien se cuenta que no podía ser ferido sino por la planta del pie izquierdo, y que esto había de ser con la punta de un alfiler gordo, y no con otra suerte de arma alguna; y así, cuando Bernardo del Carpio le mató en Roncesvalles, viendo que no le podía llegar con fierro, le levantó del suelo entre los brazos, y le ahogó, acordándose entonces de la muerte que dió Hércules á Anteón, aquel feroz gigante que decía ser hijo de la Tierra.

Aunque hasta aquí no se ha visto una influencia directa de los romances de Bernardo del Carpio sobre el novelista en la elaboración de estos pasajes, no se escapa al buen observador, que únicamente conociendo muy bien la producción romancesca, en aquellos tiempos en que Cervantes escribía, se podría manejar esta materia con tanta exactitud como este autor lo hace al presentar al personaje en cuestión.

Hay un pasaje en el *Quijote* que envuelve una crítica al contenido del romancero. El Canónigo, muchas veces mencionado, que tanto discutió con don Quijote la materia de caballería, acepta la existencia del Cid y de Bernardo del Carpio, pero mantiene reservas acerca de las hazañas que de ellos se cuentan (I, 49; IV, 272). Y ¿dónde, que no sea el romancero se encuentran fácilmente más referencias a las hazañas de Bernardo del Carpio?[34]

Indudablemente que la mayor aportación directa que los romances de Bernardo han contribuido a la novela de Cervantes, es la de los dos versos que dicen:

Mensajero sois, amigo,
Non merecéis culpa, non.
(II, 10; V, 180)

Estos dos versos proceden del romance de Bernardo del Carpio que comienza: "Con cartas sus mensajeros",[35] que son copiados casi al pie de la letra por Cervantes. Para Durán, el romance puede ser tan antiguo como del siglo XV, y aparece ya en el *Cancionero de romances*. Con ellos el autor da término al uso del tema en su obra.

Otro tema romancesco en el *Quijote* es el de "Roncesvalles", sobre el que se han compuesto varios romances.[36] Algunos de ellos

---

[34] Sobre las hazañas de Bernardo del Carpio hablan los romances números 628, 629, 630, 631, 632, 635, 637, 639, 641, 651, 652, 655 y 661. Cervantes utiliza bastante la crítica literaria durante el desarrollo de la novela. Los romances citados, si se estudian en conjunto, pueden dar esa idea de exageración que expresa el Canónigo respecto de las hazañas de este héroe medieval.

[35] Durán, I, 434b. Romance número 654, versos números 7 y 8. Cervantes sólo cambia la forma del verbo ser, "eres" por "sois", más de acuerdo con la situación presentada en el primer verso del romance.

[36] Durán, I, 259b a 266b. También hay una mención a Roncesvalles en el romance número 220.

mezclan dicho tema con el de "Bernardo del Carpio", según se ha visto.[37]

Cervantes también mezcló ambos temas, y así los usó cuando refiere los sentimientos de don Quijote hacia Bernardo, según se vio anteriormente.[38] Nuevamente los mezcla al contar sobre la industria usada por Bernardo para matar a Roldán en los capítulos 26, Parte Primera, y 32, Parte Segunda.[39]

También menciona Cervantes a "Roncesvalles" al señalarlo como el lugar donde se encuentra "el cuerno de Roldán, tamaño como una viga", que le sirve a don Quijote de elemento de prueba para demostrar la existencia de la caballería (I, 49; IV, 268).

Uno de los puntos de contacto de la novela con el romancero, y de los más directos, se encuentra en el pasaje en que un labrador pasa cantando el romance que dice:

Mala la hubistes, franceses,
En esa de Roncesvalles.
(II, 9; V, 170)

Estos dos versos, con ligeros cambios, inician el romance que aparece en el *Romancero general* de Durán bajo el número 402, que lo acercan a la versión del pliego suelto, sin lugar ni año de publicación, que incluyó Durán en el "Catálogo de pliegos sueltos" del *Romancero* antes citado, página LXIX.

El texto más antiguo de que disponemos está contenido en el *Cancionero de romances sin año,* que se diferencia ligeramente del anterior, y comienza

Mala la vistes franceses
la caça de roncesvalles.[40]

---

[37] *Ibid.,* 266b. Asegura Agustín Durán, que "Entre los de Bernardo del Carpio, hay también algunos que tratan de esta batalla y de la muerte de Roldán con los doce Pares." (Ver nota número 2 al final del romance número 402).

[38] *Ibid.* Ver también páginas 72 y 73 de este capítulo.

[39] Sobre estos temas debe verse también la página 73, notas 32 y 33.

[40] *Cancionero de romances sin año,* folio 100 vuelto. La versión de Durán, I, 265-266, romance número 402, dice:

¡Mala la visteis, franceses,
La caza de Roncesvalles!

Esta versión es, sin duda, más antigua que la del *Romancero* de Durán,[41] y ambas, son de regular extensión.

También existe otro pliego suelto, como el anterior, sin lugar ni fecha de publicación conocidos, que coincide en los versos iniciales y en ser también del siglo XVI.

Francisco Rodríguez Marín explica que dichos versos no constituyen un desatino del autor del *Quijote,* como habían pensado algunos editores de la novela, los que a veces llegaron a corregir el texto del fragmento intercalado en la obra cervantina, substituyendo "esa" por "caça", tal y como se observa en el *Cancionero de romances sin año.* El uso de "en esa", según aclara Rodríguez Marín, es equivalente a "en la de", y, por lo tanto, correcto (II, 9; V, 170). Estos cambios ocurren de acuerdo con la constante variación a que están expuestos los romances que se propagan oralmente como sucedió con el fragmento del *Quijote* que comentamos. Cervantes, opina el señor Rodríguez Marín, usó una variante del romance obtenida de la tradición oral, según la recibió del vulgo, sin buscarla en cancioneros o romanceros.[42]

La forma en que Cervantes presenta dicho romance en el texto de la novela, es prueba fehaciente de lo expresado. No es don Quijote ni Sancho quienes están a cargo de introducir el fragmento del poema, sino que, de manera muy significativa, usa a un labriego, para demostrar, de ese modo, la gran popularidad del romance.

Rodríguez Marín, al contradecir al erudito Juan Antonio Pellicer respecto al uso de "esa" en lugar de "caça", logra dar mayor fuerza a la posibilidad de que Cervantes conociera alguna de las ediciones del *Cancionero de romances* de Martín Nucio.[43] Así puede apreciarse del propio pasaje cuando Sancho Panza le dice a su amo,

> Sí oigo... pero ¿qué hace á nuestro propósito la caça de Roncesvalles? Así pudiera cantar el romance de Calaínos. (II, 9; V, 169-170)

---

[41] El primer verso del romance impreso en el pliego suelto citado por Durán, es una variante de los romances aquí estudiados, el cual dice:

Mala la hobistes franceses.

[42] Ver nota número 2 al pie de la página 170, volumen V, de la edición del *Quijote* que sirve de fuente a este trabajo.

[43] *Cancionero de romances de Amberes de 1555,* folio 195.

Esta versión del romance que sin duda cita Sancho, aunque indirectamente, está contenida, como se ha dicho ya, en el *Cancionero de romances.* Si se acepta tal relación entre el romance y el pasaje del *Quijote,* habrá que convenir con Rodríguez Marín, y descartar toda posibilidad de error por parte de Cervantes, y sin vacilación, aceptar la tesis del arreglo intencional para contrastar ambas versiones: la de la tradición oral, y la impresa en los pliegos sueltos y colecciones varias.

Al final de su intervención, Sancho se refiere al romance de Calaínos, con tanta certeza, que Durán, en nota al pie del romance número 373, ha indicado que Cervantes había usado de él en su *Quijote.*[44] Con esto se reafirma lo que se acaba de decir en el párrafo anterior de esta tesis doctoral, acerca del conocimiento de la otra fuente romancesca de dicho pasaje, haciendo válida también, para esta última, la hipótesis del conocimiento. Cervantes conocía perfectamente bien ambos poemas, y la certeza de Sancho al mencionar el romance de "Calaínos", lo confirma a plenitud.

Uno de los temas más interesantes aportados por la tradición carolingia al romancero español, es el de "Roldán".[45] Su influencia en la literatura castellana es bastante notable, y, además, ha determinado el origen de la leyenda de Bernardo del Carpio como resultado de las exageraciones contenidas en la gesta francesa relativa a España.[46]

La primera oportunidad en que Cervantes se refiere al tema de "Roldán", es en el capítulo 1 de la Parte Primera. Es un pasaje, ya

---

[44] Durán, I, 246a. Para Durán, dicho romance "es... uno de los mejores en su clase y aun de otros que pasan por buenos". Cervantes lo sabía por eso Sancho se expresó con tanta autoridad. Como diciendo, "aún cuando fuera el buen romance de 'Calaínos', nada haría a nuestro negocio". Nótese que Sancho se refiere a "el" romance de "Calaínos", usando el artículo determinado que, de acuerdo con el diccionario de la Real Academia Española de la lengua, "limita la extensión del nombre a un objeto ya consabido del que habla", no a uno cualquiera que cantara al mencionado moro, sino a ése, al que él se sabía de memoria.

[45] Sobre el tema de "Roldán" tratan directamente los romances números 366, 367, 369, 372, 398, 399, 400 y 438; se le menciona, por razones varias, en los romances números 354, 356, 357, 368, 371, 373, 377, 382, 388, 394, 641, 644, 650, 651, 653, 1253, 1254, 1255, 1256, 1258, 1259, 1260 y 1640, todos del *Romancero general* de Durán.

[46] Menéndez Pidal, " 'Roncesvalles'...", 195. Ver también la página 32 del Capítulo I de este libro.

estudiado en este trabajo, en el que se mezclan los temas de "Bernardo del Carpio" y de "Roncesvalles", y sólo tiene que ver con la muerte del paladín Roldán en la forma legendaria que cuenta una variante de la tradición de Bernardo del Carpio.[47]

Más tarde, cuando don Quijote despierta después de dormir por algún tiempo a consecuencia de la paleadura que le diera el mozo de mulas (I, 4; I, 130-131), y ve al Cura, creyéndole el arzobispo Turpín, le dice que está "molido y quebrantado... porque aquel bastardo de don Roldán me ha molido á palos con el tronco de una encina" (I, 7; I, 175).

Aunque Rodríguez Marín considera que este pasaje es producto de la imaginación de don Quijote, que se sentía como rival del Rolando del romance del Conde Dirlos o de Orlando, el de Boyardo (I, 7; I, 175, nota número 10), lo cierto es que el mismo tiene como antecedentes anécdotas romancescas contenidas en el romance de Dirlos,[48] donde se encuentran referencias a las bodas del infante Celinos con la supuesta viuda del conde, que dicen:

Y aun ella no se casara,
Cierto á su voluntade,
Si no por fuerza de Oliveros,
Y á porfía de Roldane.

---

[47] Ver nota número 30, párrafo segundo, en la página 72 de este Capítulo.

También está íntimamente relacionado con el tema de "Roldán", en sus usos por parte de Cervantes, y en los romances, el tema carolingio de "Ganelón" o "Galalón" como aparece en el romancero y en la novela, además del de "Turpín".

El primero, era grande de Francia, padrastro de Roldán, que concibió la traición de Roncesvalles como venganza contra su hijastro, de quien parece ser que estaba celoso por sus progresos, en cuanto a fama y riqueza. Los romances números 366, 367, 368, 369, 371, 1253, 1258 y 1260 del *Romancero* antes citado, le mencionan con el mismo carácter que lo hace Cervantes en la novela en tres oportunidades: (I, 1; I, 58), (I, 27; III, 21) y (I, 28; III, 53), el de traidor y embustero.

El segundo, "Turpín", arzobispo de Reims, es el más importante de los eclesiásticos de la gesta francesa que tomara parte activa en las luchas de tiempos de Carlomagno contra España. Su presencia en el romancero hispano se limita a la intervención pacificadora entre Roldán y el Conde Dirlos en el romance número 354, versos 1080 al 1090. Cervantes le menciona en el Capítulo 7 de la Parte Primera, cuando don Quijote despierta y, creyendo que el Cura era Turpín, le dice que está "molido y quebrantado..." (I, 7; I, 174 y 175).

[48] Durán, I, 198a--207b. Este romance, que es uno de los de más extensión de los del ciclo carolingio, comienza: "Estábase el conde Dirlos, / Sobrino de Don Beltrane..." tiene otro punto de contacto con la novela, según se verá más adelante.

Esta porfía de Roldán no se detuvo ni aún cuando un falconero trajo la noticia de que el Conde se encontraba vivo (versos números 440 al 445). En el propio romance (versos números 454 al 465), se cuenta la oposición de la condesa a desposarse al enterarse de que su esposo no había muerto, pero Roldán y Oliveros fuerzan la situación en favor de Celinos. Dice el romance:

Ella dice, que un año de tiempo
Pidió antes de desposarse,
Por enviar mensajeros
Muchos allende la mare
Y que si el Conde era muerto,
El casamiento fuese adelante;
Si era vivo, bien se sabía
Que ella no podía casare
Por ella responde Gayferos,
Gayferos y Don Beltrane
Por Celinos era Oliveros,
Oliveros y Roldane.

Y más adelante, en los versos 688 al 695, la condesa pregunta si el ruido que escucha en el palacio es debido a algún mal que Roldán ha causado en sus tierras. Los versos del romance, dicen:

¿Qu'es aquesto, mis doncellas,
No me lo querrais negare,
Q'esta noche tanta gente
Por el palacio siento andare?
Decidme, ¿dó es el señor
El mi tio Don Beltrane?
¿Si quizá dentro en mis tierras
Roldán ha hecho algun male?

Con lo cual se completa la situación en que Roldán actúa en forma reprobable que, en el caso de la novela de Cervantes, recordara don Quijote, cuando habla del "bastardo de don Roldán" (I, 7; I, 175). Esta situación está más de acuerdo con la expuesta en el romance que cualesquiera de las de *Orlando innamorato* de Boyardo.

Don Quijote, tratando de persuadir al Canónigo de Toledo sobre la existencia de la caballería andante, le da como prueba la de que en

"Roncesvalles está el cuerno de Roldán".[49] El tema del "cuerno de Roldán", no es en modo alguno popular en el romancero hispánico, ni se le menciona en los romances dedicados a Roldán y coleccionados en el *Romancero general* de Durán.

Otro tema carolingio procedente del romancero, presente en la novela de Cervantes, lo es el tema de "Reinaldos de Montalbán".

Aparece usado este tema por primera vez en el Capítulo 1 de la Parte Primera de la novela. El narrador, después de expresar las simpatías que sentía don Quijote hacia algunos caballeros, dice:

> Pero, sobre todos, estaba bien con Reynaldos de Montalbán, y más cuando lo veía salir de su castillo y robar cuantos topaba, y cuando allende robó aquel ídolo de Mahoma que era todo de oro, según dice su historia. (I, 1; I, 57-58)

Dicho personaje, que participa de casi todas las actividades del grupo heroico carlovingio, está presente en la mayoría de los romances de este ciclo. Ya se menciona en el primer romance inspirado en la gesta de Carlomagno que aparece en las colecciones más conocidas: el romance del Conde Dirlos,[50] y sigue en la tradición, bien como caballero "esforzado"[51] que lidia junto al paladín Roldán, su primo, o como forajido, según se aprecia del romance número 371 del *Romancero general* de Durán[52] cuya versión es la misma que seguramente sirvió de inspiración al pasaje que aparece en el capítulo primero del *Quijote,* que aquí se comenta (I, 1; I, 57-58).

---

[49] Hay un romance, el número 50 de la colección *Primavera y flor de romances,* que se titula de la "Fuga del rey Marsín', que contiene referencia a dicho "cuerno". Este romance comienza,

> Ya comiençan los franceses
> con los moros pelear,

y contiene dos menciones al "cuerno" en los versos 7 y 19. Cervantes se limitó a usar dicho instrumento en lo que respecta a su localización en Roncesvalles. En realidad, los poemas que lo mencionan, la *Chanson de Roland,* y el romance citado, nada dicen del destino final del mismo. La tradición lo sitúa en Blaye, Roncesvalles o la iglesia de St. Seurin, en Bordeaux. Ver Menéndez Pidal, "'Roncesvalles'...", 172.

[50] Durán, I, 198-207. Romance número 354.

[51] *Ibid.,* versos números 141, 215, 808 y 1006.

[52] Versos números 77 al 86.

No presenta Cervantes a dicho personaje con igual simpatía cuando en el Capítulo 6 de la Parte Primera, se refiere a "Reinaldos de Montalbán con sus amigos y compañeros, más ladrones que Caco", al decir del Cura, mientras éste, en compañía del Barbero, y con la ayuda del Ama y la Sobrina, realizaba el escrutinio de los libros de don Quijote.[53]

Como es costumbre en don Quijote, en un pasaje del que ya se ha hablado al tratar de Roldán, se siente transformado en caballero de la gesta francesa, y dice: "Mas no me llamaría yo Reinaldos de Montalbán si, en levantándome deste lecho, no me lo pagare, a pesar de todos sus encantamentos" (I, 7; I, 175). La mala situación mental en que se encuentra el hidalgo manchego, que se acrecienta como resultado de la paleadura dada al mismo por el mozo de mulas, de que se ha hablado ya, le hace pensar al pobre don Quijote, no sólo que fue Roldán el que se la dio, sino que él es nada menos que el primo de éste, Reinaldos de Montalbán.[54]

---

[53] Cervantes, inspirado seguramente en los versos 77 al 86 del romance número 371, del *Romancero general* de Durán, que dicen:

¿No sabeis que este traidor
Muchas veces ha robado?
Por caminos y carreras
Las gentes ha despojado,
Ya muchos piden justicia
De lo que él ha salteado,
Y si lo soltamos agora
Volverá á lo regostado.

presenta al personaje en cuestión con similar actitud que la del poeta de este romance. Su simpatía por Reinaldos es tan sólo un recurso literario para producir un efecto cómico tan usual en el autor a través de toda su novela. Existe contraste, sin duda, entre los versos del romance que dramatiza el diálogo entre el emperador Carlomagno y don Roldán, cuando éste trata de salvar al primo del cadalso, y su alusión por Cervantes. Solamente hubiera sido necesario, para cumplir con un propósito serio, el haber estampado el nombre de Reinaldos, añadiendo algo sobre su valor y parentesco con Roldán, si se deseaba. Pero éste no era el único objetivo del escritor, sino el dar, además, un toque cómico, que sólo el humor sano de Cervantes era capaz de lograr. Este romance ya aparece publicado en el *Cancionero de romances sin año,* folios 115-122.

[54] Cervantes utiliza aquí las diferencias observadas entre Roldán y Reinaldos, mencionadas en los versos 1005 al 1027 del romance de Dirlos.

Cervantes, como se ha visto con anterioridad, utiliza cualquier elemento por insignificante que éste sea para completar cualquier pasaje de su novela. Al hablar del valor y otras cualidades de los caballeros andantes en unión del Cura y el Barbero, cuando parecía restablecido de las aventuras de las dos primeras salidas, les pregunta, entre otras cosas, quién era más atrevido que Reinaldos (II, 1; V, 42). Este atrevimiento a que Cervantes se refiere representa el valor del caballero que se pone de manifiesto en cualquiera de los romances que le mencionan,[55] y aún en el que cuenta de sus aventuras robando por caminos y carreras.[56]

Más tarde, en el momento en que don Quijote describe el aspecto físico de Reinaldos de Montalbán, lo único que hace Cervantes es confeccionar un retrato literario de este personaje, sacando elementos de la descripción que de su carácter y personalidad se realiza en el grupo de romances que cuentan sobre sus aventuras, directa o indirectamente.[57] Especialmente el romance número 369 de Durán, describe los amores despertados en la infanta hija del rey Aliarde, que hacen pensar que el caballero a que se refiere el poema era en extremo atrayente.

El pasaje de la novela está concebido en estos términos:

> –De Reinaldos –respondió don Quijote– me atrevo á decir que era ancho de rostro, de color bermejo, los ojos bailadores y algo saltados, puntuosos y coléricos en demasía, amigo de ladrones y de gente perdida. (II, 1; V, 46)

Tal parece que Cervantes no quería dejar a un lado el punto débil de la personalidad y la vida de este caballero, y vuelve sobre el mismo asunto de los robos en una ocasión tan diversa como ésta. Durán, en nota al pie del romance número 371 de su *Romancero,* ha explicado lo común de estos robos practicados por los señores feudales en la Edad Media, tal vez si Cervantes quiso hacer resaltar tal cualidad en Reinaldos, ya que andaba muy de acuerdo con su estado.

De nuevo menciona el nombre de este caballero franco en el Capítulo 32 de la Parte Segunda, cuando Sancho Panza, hablando en

---

55 Durán, I, romances números 354, 355, 356, 357, 366, 367, 368, 369, 370, 371, 373, 377 y 382.

56 Sobre este asunto ver la nota número 53 de este Capítulo II.

57 Ver romances relacionados en la nota número 55 de este propio Capítulo II.

favor de su amo, que estaba discutiendo sobre la existencia de la caballería andante con un religioso que con ellos comía en casa de los Duques, deja saber a los comensales la reacción que a juicio suyo hubiera tenido Reinaldos de Montalbán de haber escuchado al eclesiástico desbarrar acerca de la caballería y sus miembros (II, 32; VI, 263-264). En este pasaje del *Quijote* todavía se respeta en algo el realismo romancesco en cuanto al carácter del señor de Montalbán. Valiente y aguerrido, le hubiera sido muy difícil detenerse, según el criterio de Sancho, frente a la agresión verbal del "grave eclesiástico".

Sancho le respondió al eclesiástico de esta forma,

> –Eso juro yo bien... cuchillada le hubieran dado, que le abrieran de arriba abajo como una granada, ó como á un melón muy maduro. ¡Bonitos eran ellos para sufrir semejantes cosquillas! Para mi santiguada que tengo por cierto que si Reinaldos de Montalbán hubiera oído estas razones al hombrecito, tapaboca le hubiera dado, que no hablara más en tres años. ¡No, sino tomárase con ellos, y viera cómo escapaba de sus manos!

Esta declaración de Sancho se ajusta perfectamente a la personalidad que se manifiesta en los romances que tratan de Reinaldos, y es indudable que así hubiera reaccionado el caballero ante tal ofensa.

Sólo una vez más mencionará Cervantes el nombre de Reinaldos de Montalbán. En esta ocasión, de poca importancia, con el único propósito de establecer la relación de propiedad entre este caballero y su caballo Bayarte. Se trata de relacionar la importancia de un grupo de caballos históricos o novelescos y la del tan extraño como fantástico Clavileño el Alígero[58] (II, 40; VII, 59).

El siguiente punto de contacto entre la novela cervantina y los romances hispánicos, se encuentra en el capítulo segundo de la Parte Primera. Don Quijote, después de haber llegado a la venta, que confunde con fortaleza, durante su primera salida, al aceptar la humilde bienvenida del ventero, y enterado de que el lugar carece de

---

[58] Durán, I, 232a-235a. Romance número 368. Este romance, que comienza "Cuando aquel claro lucero", es el único poema de este género que trata de Bayarte, el caballero excepcional de Reinaldos de Montalbán, mediante una simple mención en el verso número 130, que dice así: "Se pone encima Bayarte:..." (Durán, pág. 233a.)

lecho, le responde haciéndose eco de dos versos que tienen origen en un romance viejo.

Cervantes elabora el pasaje así,

> –Si vuestra merced, señor caballero, busca posada, amén del lecho (porque en esta venta no hay ninguno), todo lo demás se hallará en ella en mucha abundancia.
>
> Viendo don Quijote la humildad del alcaide de la fortaleza, que tal le pareció á él el ventero y la venta, respondió:
>
> –Para mí, señor castellano, cualquier cosa basta porque mis arreos son las armas, mi descanso el pelear, etc. (I, 2; I, 80-81)

Sin lugar a duda que el autor se basó en los versos de un romance que dice:

> Mis arreos son las armas,
> Mi descanso es pelear,
> Mi cama las duras peñas,
> Mi dormir siempre velar.[59]

El autor del *Quijote* copia tan exactamente los primeros versos del romance titulado "La constancia", con la sola excepción de dos pequeños cambios: primero, substitución del verbo "ser" (en su forma de tercera persona del singular del presente de indicativo), por el artículo "el", y, segundo, que al introducirlos en la novela lo hace como parte integrante de la prosa, que es imposible discutir la referida relación entre la novela y el romance.

Cabe la posibilidad de que Cervantes conociera otra versión del romance, como sucede con el de "Moriana y Galván", en el que se usa también el artículo "el" como lo hace el novelista.[60]

A pesar de que los romances castellanos del ciclo bretón sobre el tema de "Lanzarote" son solamente dos, Cervantes los usa en su novela con relativa extensión, además de con mucha fidelidad. La primera oportunidad en que Cervantes hace uso de dicho tema ocurre en el capítulo segundo de la Parte Primera.

Ya se ha visto que don Quijote en su primera salida, y antes de ser armado caballero, había llegado a una venta donde quedó por

---

59 Durán, I, 161b-162a. Romance número 300.

60 *Ibid.*, 3a. Romance número 7, versos 35 al 38.

unas horas antes de salir en busca de aventuras. En dicha venta, el hidalgo, al ser atendido por unas jóvenes que en la misma había a su llegada, con tantas y tan extremadas atenciones, les recitó un fragmento de romance, que dice:

–Nunca fuera caballero
De damas tan bien servido
Como fuera don Quijote
Cuando de su aldea vino:
Doncellas curaban dél;
Princesas, del su rocino.
(I, 2; I, 84)

Don Quijote, al decir estos versos, los adapta a sus circunstancias, sin variar mucho el esquema original del romance que le sirviera de modelo. Así se puede apreciar haciendo la comparación con los seis versos del romance número 352 del *Romancero general,* que dicen:

–Nunca fuera caballero
De damas tan bien servido,
Como fuera Lanzarote
Cuando de Bretaña vino,
Que dueñas curaban dél,
Doncellas del su rocino.[61]

Luego se repite la influencia del romance sobre la novela, pero esta vez sin que se alteren los versos, cuando hablando don Quijote con los cabreros a quienes acompañaba a los funerales de Grisóstomo sobre los caballeros andantes, les cuenta, entre otros sucesos que daban prueba de la existencia de la caballería, los amores de don Lanzarote del Lago con la reina Ginebra, y de cómo les ayudaba en

[61] Durán, I, 198. Obsérvese que Cervantes ha cambiado únicamente, los nombres de "Lanzarote" por "don Quijote"; el de "Bretaña" por "su aldea"; las "dueñas" por "doncellas" y "doncellas" por "princesas", como se ha dicho, para adaptar el romance a sus propias circunstancias. También se ha eliminado, en el verso número 5 del fragmento cervantino, el pronombre relativo "que", pero en principio resulta tan semejante al original que no se puede negar su origen.

ellos la dueña Quintañona,[62] recordando al mismo tiempo un romance muy popular nacido de estos sucesos,

> Nunca fuera caballero
> De damas tan bien servido
> Como fuera Lanzarote
> Cuando de Bretaña vino.
>
> (I, 13; I, 286)

Con esta cita cervantina se comprueba el conocimiento por parte del autor del romance que informa estos pasajes del *Quijote*. Como las circunstancias no lo exigen, Cervantes no realiza cambios, sino que se limita a citar fielmente al original.[63]

---

[62] Estrechamente relacionados con el tema de "Lanzarote" están los temas de la "reina Ginebra" y su dueña "Quintañona". Cervantes los usa aquí, y en otras tres oportunidades, relacionados o no con el tema del caballero galo. Primero se encuentran cuando don Quijote, en medio de uno de sus quiméricos trances, se hizo la idea de que la hija del ventero (para él del señor castellano), le había invitado a yacer con ella aquella noche, lo cual no haría, ni "aunque la mesma reina Ginebra con su dama Quintañona se le pusiera delante" (I, 16; II, 40).

Luego, al hablar de los amores de Tristán e Iseo, se refiere don Quijote a los de Ginebra y Lanzarote, a los que relaciona la dueña Quintañona, a la que muchos recuerdan haber visto, y que "fué la mejor escanciadora de vino que tuvo la Gran Bretaña" (I, 49; IV, 267).

Más tarde, en la cueva de Montesinos, este último identifica para don Quijote a la reina Ginebra y su dueña Quintañona, que se encontraban allí encantadas entre señoras (II, 23; VI, 107).

[63] En la segunda parte de la novela vuelve Cervantes a utilizar versos del romance que se viene comentando.

En una ocasión, cuando hablando de la reina Ginebra y su dueña Quintañona "escanciando vino a Lanzarote,

> Cuando de Bretaña vino"
>
> (II, 23; VI, 107)

y más tarde, con ligeras variaciones, Sancho Panza, refiriéndose a Lanzarote, después de hacer elogio a la habilidad de su amo para contar historias, recita tres versos de romance, que dicen:

> Cuando de Bretaña vino,
> Que damas curaban dél,
> Y dueñas del su rocino;
>
> (II, 31; VI, 236)

En estos versos se nota que Cervantes se acerca al original romancesco, devolviendo el relativo "que", pero cambiando de nuevo los sustantivos "dueñas" por "damas"

Un tema que Cervantes explota en forma simpática, y muy de acuerdo con el romancero, es el de "Valdovinos",[64] y conjuntamente con éste el del "Marqués de Mantua",[65] su tío paterno.

Cada vez que don Quijote sufre un revés, recurre a un recurso que parece compensarle los sufrimientos experimentados, al compararlos con los padecidos por los héroes de la caballería. Así, piensa en algún paso de sus libros, trayendo a la novela los temas romancescos a que se refiere al párrafo anterior, como ocurre en el pasaje de la novela que dice:

> Viendo, pues, que, en efeto, no podía menearse, acordó de acogerse á su ordinario remedio, que era pensar en algún paso de sus libros, y trújole su locura á la memoria aquel de Valdovinos y del Marqués de Mantua, cuando Carloto le dejó herido en la montiña, historia sabida de los niños, no ignorada de los mozos,

---

y "doncellas" por "dueñas", sin alterar con ello la validez del pasaje en relación con el tema, a no ser en cuanto a las categorías de las mujeres, que se intercambian.

[64] Valdovinos (Baldewin), es personaje principalísimo de los romances del marqués de Mantua. Sobre él tratan los poemas números 354 (verso número 884), 355, 356, 357, 358, 359, 360, 361, 373, 382 y 434 del *Romancero general* de Durán. Hijo de Ganelón, era uno de los doce Pares de Francia.

[65] Sobre el marqués de Mantua, Danes Urgel, tratan los romances números 355 y 356 del *Romancero* de Durán. Aunque se trata de este personaje muy poco, su importancia es grande a los efectos de relacionarle con Valdovinos, especialmente al ser hallado herido en el campo. El marqués de Mantua, como tema literario en España, es uno de los más populares de los de tradición francesa. Al menos es uno de los más antiguos. Sobre esta popularidad, en especial la referente al romance que canta las hazañas de este personaje, nos da una idea el uso de uno de sus versos para encabezar un poema de Rodrigo Caro que cita Menéndez Pidal en su *Romancero hispánico,*

¡Oh noble Marqués de Mantua!
qué de veces repetido
fué tu caso lastimero
que en la escuela deprendimos.

Si en este tiempo se usaban los pliegos sueltos para la práctica de la lectura en las escuelas, según la oponión de Menéndez Pidal y otros, entonces debe aceptarse esa gran popularidad del personaje franco y de los romances a él dedicados en España. Así lo había expresado don Miguel de Cervantes desde un principio, cuando, refiriéndose a Valdovinos y al marqués de Mantua, por primera vez, habla de esa "historia sabida de los niños, no ignorada de los mozos, celebrada y aun creída de los viejos" (I, 5; I, 133).

celebrada y aun creída de los viejos, y, con todo esto, no más verdadera que los milagros de Mahoma. Ésta, pues, le pareció á él que le venía de molde para el paso en que se hallaba; y así, con muestras de grande sentimiento, se comenzó á volcar por la tierra, y a decir con debilitado aliento lo mesmo que dicen decía el herido caballero del bosque:

—¿Dónde estás, señora mía,
Que no te duele mi mal?
Ó no lo sabes, señora,
Ó eres falsa y desleal.
(I, 5; I, 133-134)

Estos cuatro versos pertenecen a un romance anónimo que aparece en el *Romancero general* de Agustín Durán bajo el número 1545. En relación con dichos versos incluidos en la novela, el erudito español don Juan Antonio Pellicer en su edición del *Quijote,* publicada en el año de 1797, dice que el romance, "compuesto por Gerónimo Treviño consta de tres partes, y se imprimió en Alcalá año de 1598".[66] Esta opinión de Pellicer ha sido corroborada por el señor Rodríguez Marín, en nota al pie de la página 135, volumen I, de la edición del *Quijote* que sirve de base a este trabajo. Así queda establecida una discrepancia entre el romance en la versión citada por Cervantes y el que, sobre el mismo tema, está impreso en el denominado *Cancionero de romances impreso en Amberes sin año,* que se supone publicado en el año de 1548, por Martín Nucio, y que reza así:

donde estas señora mia
que no te pena mi male
de mis pequeñas heridas
compassion solias tomare
agora delas mortales
no tienes ningun pesare.[67]

---

[66] Cervantes, *El ingenioso hidalgo don Quijote de la Mancha,* Ed. por don Juan Antonio Pellicer, I (Madrid: Don Gabriel de Sancha, 1797), 42-43.

[67] *Cancionero de romances sin año,* folio 32.

Al introducir el tema en la novela, dice el narrador, que el protagonista de ésta piensa primero en los libros de caballerías, según se desprende de lo expresado por el mismo, según se ha visto. Para luego, sin aclarar el punto, decir:

> Y desta manera fué prosiguiendo el romance, hasta aquellos versos que dicen:
>
> ¡Oh noble Marqués de Mantua,
> Mi tío y señor carnal!
> (I, 5; I, 134)

Indudablemente que Cervantes está haciendo referencia al romance y no a los libros de caballerías, por la forma en que su personaje se expresa en esta segunda parte del episodio, y porque estos versos, y los anteriores, coinciden con formas romancescas conocidas. Estos dos últimos versos se corresponden, aunque Cervantes los varía, con los versos números 268 y 269 del romance número 355 de Durán, que a su vez procede del ya mencionado *Cancionero de romances sin año,* que, en cualquiera de sus ediciones, sería de fecha anterior al *Quijote.*[68]

Cervantes no introdujo grandes cambios en el romance citado en su novela. Si se comparan las dos parejas de versos, se puede observar que lo único que el novelista ha hecho es modernizar la estructura de los mismos, pero sin alterar en lo más mínimo el sentido original de éstos.

Los versos del romance contenido en el *Cancionero de romances sin año,* dicen:

> o noble marques de mantua
> mi señor tio carnale.[69]

La diferencia existente entre dichos versos y los de la novela, radica en que en estos últimos el segundo verso termina en la vocal "e". El uso de la "e" paragógica en la sílaba final de este verso se observa tanto en los que contienen el lamento de Valdovinos por el sentido de

---

[68] Durán, I, 207b-212b.

[69] *Cancionero de romances sin año,* folio 33 vuelto.

abandono en que se encuentra sumido por la mujer amada, como los que sirven para identificarle con la nobleza de su país de origen, no se usa así en la versión cervantina. Esto no constituye prueba del desconocimiento de Cervantes del romance, y menos, mero descuido por parte del autor. Nótese que los versos del *Cancionero* también carecen de la interjección "oh", que substituye por la vocal "o", sin signos de exclamación.

En cuanto a ese uso de la "e" paragógica, es menester observar que desde el siglo XII, y como resultado de la influencia francesa, se perdía la vocal final de algunas palabras, y poco más tarde se comienza a ver vacilación en el uso y supresión de la misma. Tal fenómeno se observará con mayor agudeza durante los siglos XVI y XVII, perdiendo frecuencia hasta usarse sólo en casos en que se deseaba aparentar antigüedad en la composición. Sobre todo esto ha dicho Rafael Lapesa:

> La épica conserva usos lingüísticos arcaizantes, que daban sabor de antigüedad al lenguaje, a tono con la deseada exaltación del pasado, y que a la vez servían para encontrar asonancias. Por eso nuestros poemas mantenían en las rimas la *e* final de *laudare, male, trinidade, señore,* y añadían esta *e* a palabras que originalmente no la tenían.[70]

Esas pequeñas diferencias entre los versos contenidos en la novela y los del *Cancionero,* se explican por el editor, Martín Nucio, quien expone que la corrupción de algunos romances por él publicados es debida a defectos de los manuscritos, y en otras ocasiones, debida a "la flaqueza de la memoria de algunos"[71] que se los dictaron, con lo cual nos percatamos de la actividad oral que entre los miembros de la sociedad de aquella época tenían dichos poemas.

Tales formas poéticas populares no eran, y esto está bien sabido, patrimonio de unos cuantos, sino solidariamente poseídas por el pueblo y, por lo tanto, se hace necesario creer que Cervantes tuvo que conocerlas muy bien, pues de lo contrario negaríamos una

---

[70] Rafael Lapesa, *Historia de la lengua española* (New York: Las Americas Publishing Company, 1962), pág. 158.

[71] *Cancionero de romances sin año,* folio 2.

realidad manifiesta en la obra capital de este autor: la gran influencia de la tradición romancesca en el *Quijote.* Este punto de contacto con la tradición por parte de Cervantes, presentada en forma que difiere de la versión del romance editada por Treviño, se corrobora con la propia afirmación del novelista quien a renglón seguido al que transcribe dichos versos, agrega una pareja de versos que provienen, sin duda, del mismo romance.

También hay que hacer notar que Cervantes debía conocer alguna versión del romance previa a la del señor Treviño, máxime cuando la edición de Amberes de 1548 del referido *Cancionero de romances* debió de circular mucho entre los españoles que iban y venían de los Países Bajos. Además, hay que considerar que los pliegos sueltos [72] conteniendo romances que habían aparecido en dicho *Cancionero,* así como en otras colecciones posteriores, resultaron bien conocidos en la Península y fuera de ella.

Con sólo pequeños cambios se usan los cinco versos que comienzan "¿Dónde estais, señora mia" y los dos que dicen: "¡Oh, noble Marqués de Mantua", en el *Entremés de los romances* [73] que se ha considerado por gran parte de la crítica como el bosquejo inicial de Cervantes para la elaboración del *Quijote.* Tal hecho reafirma indiscutiblemente la posibilidad antes apuntada del conocimiento de Cervantes de otras fuentes distintas de la del pliego suelto de Treviño.

Sobre este aspecto de las fuentes en la elaboración de la novela cervantina se ha expresado muy atinadamente Carlos Varo. Este autor justifica la intención de Cervantes de no ridiculizar el romancero, aunque, como se ha dicho anteriormente, logre obtener un poco de comicidad mediante el uso de algunos trozos de romances. Comparando el episodio en que don Quijote es apaleado por el mozo de mulas con el pasaje en que Bartolo, el personaje clave del

---

[72] Sobre los pliegos sueltos ha escrito C. Colin Smith, "The ballads were at first printed, three or four together and often with other poems.... These, printed from about 1506 to 1605, sold cheaply in the streets of many Spanish towns and were often produced for sale at fairs and markets; being unbound, they rarely survived for long and are today bibliographical treasures". *Spanish Ballads* (Oxford: Pergamon Press Ltd., 1964), pág. 19.

[73] Adolfo de Castro, *Cuatro entremeses atribuidos a Miguel de Cervantes: Entremés de los mirones, Entremés de Doña Justina y Calahorra, Entremés de los refranes, Entremés de los romances* (Barcelona: Luis Guarro Casas, S. A., 1957), págs. 191 y 194.

Entremés, es descalabrado por su enemigo accidental, expresa lo siguiente:

> pero en el *Quijote* tal especie de desvarío no aparece sino en la aventura primera (nótese esto bien), en los capítulos V y VII, de que venimos hablando, y es un desvarío por demás discordante con el que siempre mantiene Don Quijote, cuya personalidad queda, en toda otra ocasión, firme y erguida frente a la de los héroes que le enloquecen. Hay, pues, que pensar, examinando los fundamentos de lo cómico quijotesco en la aventura de los mercaderes toledanos, que Cervantes no ideó el episodio con una combinación enteramente libre de recursos propios de su fantasía, sino que ésta se hallaba como estrechada y constreñida por el recuerdo indeleble del *Entremés de los Romances,* que había producido en su ánimo una vigorosa impresión cómica. Esta impresión, tenaz, excesiva, impuso al novelista no sólo una inconsciente e incomprensible sustitución de los romances a los libros de caballerías como causante de la locura de don Quijote, sino, además, una forma de desvarío y un procedimiento de parodia profundamente extraños a la libre concepción del novelista.

Y agrega en el párrafo siguiente:

> Este es el hecho fundamental en la gestión del *Quijote.* Cervantes descubrió una gracia fecunda en el *Entremés,* que se burla del trastorno mental causado por la lectura del Romancero. Esta sátira literaria le pareció tema excelente, pero la apartó del Romancero, género poético admirable, para llevarla a un género literario de muchos execrado, el de las novelas caballerescas, no menos en moda que el Romancero. Autores había también, como Lorenzo de Sepúlveda, que querían imponer correctivo a los romances viejos, "harto mentirosos y de poco fructo"; pero Cervantes no podía pensar como Sepúlveda.[74]

Pero la condusión de don Quijote creyendo que Pedro Alonso, su vecino, era el marqués de Mantua, no termina con el uso de los versos romancescos antes mencionados. El labrador, al encontrarse

---

[74] Carlos Varo, *Génesis y evolución del "Quijote"* (Madrid: Ediciones Alcalá, 1968), págs. 133-134.

con su vecino no le ha podido reconocer debido a la visera que se lo impide, además de estar sucio de polvo. No es sino después de que el señor Alonso le limpia, que descubre la identidad del herido caballero. Dice la novela que "le limpió el rostro, que le tenía cubierto de polvo, y apenas le hubo limpiado, cuando le conoció" (I, 5; I, 136). En esta porción del pasaje vuelve Cervantes a hacer uso de otros versos del romance de "Valdovinos y el marqués de Mantua", antes mencionado. Se trata esta vez de los versos números 908 al 911, que dicen:

> Con un paño que traia
> La cara le fué á limpiare;
> Desque lo hubo limpiado
> Luego conocido lo hae.[75]

El diálogo iniciado con su vecino termina más adelante, cuando apartándose de la idea de Valdovinos y del marqués de Mantua, cambia el tema carolingio por uno morisco, el del Abencerraje "Abindarráez", el esposo amado de la hermosa Jarifa.[76]

Así puede verse cuando Pedro Alonso llevando a don Quijote sobre su jumento hacia la casa de este último, sin estar percatado aún de la realidad de la situación, al ver suspirar al hidalgo manchego, le pregunta "que mal sentía", con lo cual don Quijote, que seguramente no dejaba de divagar mentalmente por los mundos de su fantasía, "olvidándose de Valdovinos, se acordó del moro Abindarráez, cuando el Alcaide de Antequera, Rodrigo de Narváez, le prendió y le llevó cautivo a su Alcaidia" (I, 5; I, 137), mezclando de ese modo el tema carolingio de "Valdovinos", y el de la novela morisca. Y como don Quijote siguiera respondiendo en la forma en que el Abencerraje contestara a Rodrigo de Narváez, según había leído Cervantes en la interpolación de Montemayor, el labrador, que ya empezaba a darse cuenta de la locura de su vecino, le contestó que ni él era don Rodrigo de Narváez, ni el marqués de Mantua, sino quien

---

[75] Durán, I, 210a. Romance número 355.

[76] Cervantes se refiere al personaje de la *Historia del Abencerraje Abindarráez y la hermosa Jarifa* de Antonio de Villegas, novela morisca de amor. El autor del *Quijote* está citando, sin embargo, la versión interpolada por Jorge de Montemayor en su *Siete libros de la Diana.*

era, Pedro Alonso, su vecino, y dando mayor énfasis a su aclaración, agregó: "ni vuestra merced es Valdovinos, ni Abindarráez, sino el honrado hidalgo del señor Quijana", sin que con ello cambiara la actitud de don Quijote, que siguió tan campante su enajenado discurso. De esta manera, al llegar a casa de don Quijote, después de escuchar lo que hablaban el Cura (Pero Pérez), el Ama, la Sobrina, y el Barbero (Maese Nicolás), el caritativo labrador pudo comprender más claramente el estado mental del desgraciado vecino. Así lo deja saber el narrador cuando explica ese pasaje

> Todo esto estaban oyendo el labrador y don Quijote, con que acabó de entender el labrador la enfermedad de su vecino, y así, comenzó á decir á voces:
>
> –Abran vuestras mercedes al señor Valdovinos y al señor Marqués de Mantua, que viene mal ferido, y al señor moro Abindarráez, que trae cautivo el valeroso Rodrigo de Narváez, alcaide de Antequera. (I, 5; I, 142-143)

En este episodio Cervantes mezcla tres temas, el de "Valdovinos", el del "marqués de Mantua", y el morisco de "Abindarráez". Con esta mezcla de temas el autor logra una situación cómica que hace posible a través de la intervención del labrador Pedro Alonso.

En tres oportunidades más vuelve Cervantes a utilizar el tema de "Valdovinos" en relación con el de su tío el "marqués de Mantua". Se trata, en los tres casos, del juramento famoso del referido marqués proclamado al ver a su sobrino injustamente sacrificado. Primero, encontramos dicho juramento en el Capítulo 10 de la Parte Primera, cuando don Quijote, prometiendo dar a Sancho Panza la fórmula para la elaboración del bálsamo de Fierabrás, le dice:

> Yo hago juramento al Criador de todas las cosas y á los santos cuatro Evangelios, donde más largamente están escritos, de hacer la vida que hizo el grande Marqués de Mantua cuando juró vengar la muerte de su sobrino Valdovinos, que fué de no comer pan á manteles, ni con su mujer folgar, y otras cosas que, aunque dellas no me acuerdo, las doy aquí por expresadas, hasta tomar entera venganza del que tal desaguisado me fizo. (I, 10; I, 237-238)

Convencido don Quijote por su escudero de la falta de razón que le asistía para vengar sus agravios, toda vez que quien le hiriera habría de comparecer ante su amada Dulcinea, retira su juramento de venganza, manteniéndolo, sin embargo, en cuanto al sacrificio que implicaba "hasta tanto que quite por fuerza otra celada tal y tan buena como ésta á algún caballero" (I, 10; I, 239).

Sancho Panza, que como es sabido, mantenía un punto de vista distinto al de su amo, conmina a éste para que renuncie a tanto juramento, y le dice:

> Que dé al diablo vuestra merced tales juramentos, señor mío –replicó Sancho–; que son muy en daño de la salud y muy en perjuicio de la conciencia. Si no, dígame ahora: si acaso en muchos días no topamos hombre armado con celada, ¿qué hemos de hacer? ¿Hase de cumplir el juramento, á despecho de tantos inconvenientes e incomodidades, como será el dormir vestido, y el de no dormir en poblado, y otras mil penitencias que contenía el juramento de aquel loco viejo del Marqués de Mantua, que vuestra merced quiere revalidar ahora? (I, 10; I, 239)

Como se puede apreciar, tal diferencia, entre el punto de vista de amo y criado en relación con la realidad, da al autor la oportunidad para ofrecer al lector un ángulo distinto de la persona del marqués de Mantua. Para Sancho, este miembro de la nobleza no es más que un "loco viejo", sin que para él valga nada el valor y la diginidad del famoso marqués, mientras que para su amo era un grande y noble caballero.

El juramento contenido en el romance del marqués de Mantua, vuelve a usarse por Cervantes en el Capítulo 31 de la Parte Primera, cuando al regreso de Sancho a la Sierra Morena, de visitar a Dulcinea, al preguntarle don Quijote sobre cuáles fueron las preguntas que le hiciera la dama, éste le responde al amo:

> –Ella no me preguntó nada –dijo Sancho–; mas yo le dije de la manera que vuestra merced, por su servicio, quedaba haciendo penitencia, desnudo de la cintura arriba, metido entre estas sierras como si fuera salvaje, durmiendo en el suelo, sin comer pan á manteles ni sin peinarse la barba, llorando, y maldiciendo su fortuna. (I, 31; III, 133)

Indudablemente, este pasaje está elaborado, en parte, con vista a los versos números 726, 727 y 734 del romance número 355 de Durán, antes citado.[77]

Vuelve Cervantes a mencionar a ambos personajes romancescos en el Capítulo 23 de la Parte Segunda. Nuevamente el autor del *Quijote* utiliza el tema del "juramento de marqués de Mantua" que se viene tratando aquí. En esta oportunidad don Quijote cuenta a su escudero y al primo de Basilio, cuando regresaban de la cueva de Montesinos, las peripecias ocurridas durante la visita a aquel lugar.

El héroe cervantino, además de ayudar económicamente a su amada Dulcinea, que le ha pedido por intermedio de una de sus compañeras de infortunio seis reales, le envía un mensaje que concluye con una alusión al famoso juramento,

> Decid amiga mía, á vuesa señora que á mí me pesa en el alma de sus trabajos, y que quisiera ser un Fúcar para remediarlos, y que le hago saber que yo no puedo ni debo tener salud careciendo de su agradable vista y discreta conversación, y que le suplico cuan encarecidamente puedo sea servida su merced de dejarse ver y tratar deste su cautivo servidor y asendereado caballero. Diréisle también que cuando menos se lo piense oirá decir como yo he hecho un juramento y voto, á modo de aquel que hizo el Marqués de Mantua de vengar á su sobrino Baldovinos, cuando le halló para expirar en mitad de la montiña, que fué de no comer pan á manteles, con las otras zarandajas que allí añadió, hasta vengarle; y así haré yo de no sosegar, y de andar las siete partidas del mundo, con más puntualidad que las anduvo el infante don Pedro de Portugal, hasta desencantarla. (II, 23; VI, 110-112)

Sólo en otra oportunidad considera Cervantes el tema del "marqués de Mantua" en su obra. En el Capítulo 38 de la Parte Segunda, el autor vuelve sobre el asunto, al tratar sobre la desventura de don Clavijo y la Infanta Antonomasia, encantados por el gigante Malambruno, contada por la Condesa Trifaldi, "la dueña Dolorida", como también la llama el narrador de la novela, según la hacen aparecer ante don Quijote. Para la Condesa Trifaldi, "de las buenas y concertadas repúblicas se habían de desterrar los poetas,

---

[77] Durán, I, 212a.

como aconsejaba Platón, á lo menos, los lascivos, porque escriben unas coplas, no como las del Marqués de Mantua, que entretienen y hacen llorar á los niños y á las mujeres, sino unas agudezas, que á modo de blandas espinas os atraviesan el alma, y como rayos os hieren en ella" (II, 38; VII, 39), pues de esos poetas, los lascivos, eran responsables de la desgracia primera de la Infanta Antonomasia, cuando cayó, al igual que su dueña, en las redes de don Clavijo.

Cervantes, al comparar las coplas del marqués de Mantua con aquellas que cambiaban el juicio de las mujeres, en tal modo que perdían la discreción, también está haciendo crítica literaria cuando dice:

> Y deste jaez otras coplitas y estrambotes, que cantados encantan y escritos suspenden. Pues ¿qué cuando se humillan á componer un género de verso que en Candaya se usaba entonces, á quien ellos llamaban *seguidillas*? Allí era el brincar de las almas, el retozar de la risa, el desasosiego de los cuerpos, y, finalmente, el azogue de todos los sentidos. Y así, digo, señores míos, que los tales trovadores con justo título los debían desterrar á las islas de los Lagartos. Pero no tienen ellos la culpa, sino los simples que los alaban y las bobas que los creen; y si yo fuera la buena dueña que debía, no me habían de mover sus trasnochados conceptos, ni había de creer ser verdad aquel decir: "Vivo muriendo, ardo en el yelo, tiemblo en el fuego, espero sin esperanza, pártome y quédome", con otros imposibles desta ralea, de que están sus escritos llenos. (II, 38; VII, 40)

El autor del *Quijote* enjuicia, a la vez que compara, las formas populares de poesía cuyo tema ligero y de intención variable, pudiera conducir a un no muy lógico resultado para aquellos a quienes dichos versos se dirigían, como sucedió con la Condesa Trifaldi y su ama la Infanta Antonomasia.

Un tema procedente de la gesta francesa que tiene relativa importancia y popularidad en la literatura castellana, es el de los "doce Pares de Francia". [78]

Este grupo de gallardos caballeros, que por su igualdad en valor, calidad y valentía, representa lo más sobresaliente de las huestes del emperador Carlomagno, no podía pasar desapercibido de Cervantes.

---

[78] Ver nota número 23 al pie de la página 138, volumen I, del *Quijote*.

Cuando don Quijote se identifica con su vecino, el labrador Pedro Alonso, como Valdovinos y Abindarráez, el labrador le refuta tal identificación, y don Quijote le contesta que sabe quién es, y al punto añade: "y sé que puedo ser, no sólo los que he dicho, sino todos los doce Pares de Francia", identificándose a sí mismo con la crema de la caballería francesa (I, 5; I, 138).

Además, relacionado a otros temas de más importancia, se observa la presencia de éste de los "doce Pares", en el Capítulo 7 de la Parte Primera. Se trata del momento en que estando el Cura, el Barbero, el Ama y la Sobrina haciendo el escrutinio de la biblioteca de don Quijote, éste, que ha despertado de una pesadilla, comienza a dar voces con lo que se da término a dicho escrutinio, al tener todos ellos que correr en auxilio del hidalgo.

Llegado el Cura al lado de don Quijote, después de haberse sosegado éste, le dice al primero,

> –Por cierto, señor arzobispo Turpín, que es gran mengua de los que nos llamamos doce Pares dejar tan sin más ni más llevar la victoria deste torneo á los caballeros cortesanos, habiendo nosotros los aventureros ganado la prez en los tres días precedentes. (I, 7; I, 174)

En este pasaje, Cervantes, además de introducir el tema de los "doce Pares", está estableciendo una distinción entre los "caballeros cortesanos" y los "aventureros", éstos iguales a los andantes. Aquí también el novelista está, mediante la declaración del protagonista de la novela, produciendo una relación de igualdad entre su héroe y los representados por el tema de los "doce Pares", y el menosprecio de los caballeros que pasaban la vida en el sosiego de la Corte.

Dando aún más énfasis a esa relación de su propia persona con la de los "doce Pares", don Quijote, en el Capítulo 20 de la Parte Primera, asegura a Sancho que él era "quien ha de resucitar los de la Tabla Redonda, los Doce de Francia, y los Nueve de la Fama, y el que ha de poner en olvido los Platires, los Tablantes, Olivantes y Tirantes, los Febos y Belianises, con toda la caterva de los famosos caballeros andantes del pasado tiempo, haciendo en este en que me hallo tales grandezas, extrañezas y fechos de armas, que escurezcan las más claras que ellos ficieron" (I, 20; II, 128).

Las otras referencias al tema están limitadas, siguiendo la moda romancesca, a simples menciones en relación con la existencia de la caballería andante, al hablar el Canónigo sobre las cualidades de los que para esta religión se escogieron (I, 49; IV, 265-267); a Roldán y Reinaldos, como miembros del grupo (II, 1; V, 46); y, de nuevo, refiriéndose a Roldán, como miembro de esa aristocracia militar (II, 32; VI, 275).

Dentro de las tradiciones netamente castellanas que han ejercido influencias en Cervantes, se encuentra la que se refiere a un personaje romancesco que cita en el Capítulo 8 de la Parte Primera. Se trata de don Diego Pérez de Vargas. Este caballero, según cuenta la tradición, encontrándose en batalla contra los moros, se le rompió la lanza y luego la espada, con lo cual se vio forzado a quebrar una rama de un árbol que le sirvió de arma, matando con ella infinidad de moros, que por la forma peculiar de morir apaleados con dicha rama, le quedó al caballero el apelativo de "Machuca" unido a los de su familia. El romance número 933 del *Romancero general* de Agustín Durán lo confirma cuando dice:

Tas dellos va Diego Perez,
Por fuerte se ha señalado;
Andando por la batalla
La lanza se le ha quebrado;
También se quebró su espada,
No tiene armas en su mano
Llegado se habia á un olivo,
Un grueso ramo ha quebrado
Hecho á manera de porra;
A la lid habia tornado.
Matando iba en los moros
Mal los iba lastimando,
Al moro que una vez hiera,
No es menester ser curado
Discurre por la batalla,
Hiriendo iba y matando:
Cuando lo vido Alvar Perez,
Gran placer habia tomado;
Agradábanle los golpes,
Que Diego Perez va dando,
Díjole: –Diego, machuca,
Machuca como esforzado,
No nos quede moro á vida,
Todos mueran á tu mano.

Vencidos quedan los moros,
Vencidos y amedrentados,
Jamas alzaron cabeza,
Ni esfuerzo contra cristianos.
Llamáronle á Diego Perez,
De Machuca el afamado;
De aquel dia en adelante,
Este renombre le han dado.[79]

Es incuestionable la relación existente entre dicho romance y el pasaje del *Quijote*. El autor de la novela no altera en casi nada lo narrado en el poema. Solamente cambia la naturaleza del árbol de donde el héroe quiebra la rama al verse desprovisto de armas. Cervantes, en boca de don Quijote, hablando con su escudero después de la aventura de los molinos de viento, dice:

> Yo me acuerdo haber leído que un caballero español llamado Diego Pérez de Vargas, habiéndosele en una batalla roto la espada, desgajó de una encina un pesado ramo ó tronco, y con él hizo tales cosas aquel día, y machacó tantos moros, que le quedó por sobrenombre Machuca, y así él como sus descendientes se llamaron desde aquel día en adelante Vargas y Machuca. (I, 8; I, 194)

No hay, sin embargo, a pesar de la importancia indudable del personaje, ninguna otra alusión al mismo en el *Quijote*.

Muy pronto vuelve Cervantes a los temas carolingios. En el Capítulo 10 de la Parte Primera, después de conversar don Quijote con su escudero, al final de la batalla con el vizcaíno, y respondiendo a los consejos de Sancho, quien deseaba que se curase, le contesta al

---

[79] Durán, II, 15a. Versos números 27 al 58, ambos inclusive. Más destacado era aún su hermano, Garci Pérez de Vargas, a quien se refiere Cervantes más adelante, en el Capítulo 49 de la Parte Primera, al relacionarle en la plática que el hidalgo manchego sostuvo con el Canónigo de Toledo, ya mencionada, al ir don Quijote "encantado" en la jaula hacia su casa. Sobre Garci Pérez de Vargas hay una mención en el *Quijote*, que por otras razones aparece citado en la página 69 de este libro. Agustín Durán, por otra parte, expresa al pie del romance número 936, página 17b: "Garci Pérez de Vargas es uno de los caballeros más célebres y populares de España, que concurrieron con Fernando II á la reconquista de Córdoba y de Sevilla".

Los romances números 932, 933, 934, 935, 936, 1296 y 1297, tratan sobre estos personajes.

criado, que todo estaría excusado, si se "acordara de hacer una redoma del bálsamo de Fierabrás; que con sola una gota se ahorraran tiempo y medicinas" (I, 10; I, 234).

Sobre el "bálsamo de Fierabrás" trata el romance número 1254 del *Romancero general.* Sus versos números 45 al 65 y 97 al 115, inclusive, dicen así:

Mejor será y mas acierto (45)
Que tú te vuelvas cristiano,
Y serás mi compañero
Para defender la fe
De Cristo, redentor nuestro.–
Fierabrás dijo: –Eso no.–
Y se fué luego al momento
Donde estaban los barriles,
Y tomando un sorbo de ellos,
Al instante se halló sano;
Y esto que vido Oliveros,
A la purísima Virgen
Esta súplica le ha hecho:
–Sacra y celestial Princesa,
María, madre del Verbo,
A vuestras divinas plantas
Hoy humildemente llego,
Pidiéndote, Madre mia,
Me déis luz, favor y acierto,
Para poder conquistar
Este pagano soberbio.–
Fierabrás le dice: –Amigo,
¿Qué oración es la que has hecho?
¿Con ella te has de sanar?
Hoy por merced te concedo
Que vengas á mis barriles
Y tomes un sorbo de ellos,
Y al instante estarás sano.– (65)

Y más adelante, continúa el romance:

Le dió á Fierabrás un golpe (97)
Sobre el costado izquierdo,
Que gran parte de las armas
Les hizo venir al suelo,

> Que desde el hombro á la ijada
> Todo quedó descubierto;
> Y rebatiendo la espada,
> Cortó la cadena luego
> Donde estaban los barriles,
> Y ambos vinieron al suelo;
> Pero el golpe que pegaron
> Se escapó el caballo huyendo
> Por el campo, sin que pueda
> El ginete detenerlo,
> Oliveros que esto vió,
> Recogió pronto y lijero
> Entrambos á dos barriles,
> Y tomando un sorbo de ellos,
> Se halló sano de sus llagas.[80] (115)

Este poema, además de estos versos en que se menciona al famoso bálsamo, describe detalladamente la batalla sostenida entre Oliveros y Fierabrás, que –sin duda–, guarda estrecha relación de semejanza con la batalla de don Quijote y el vizcaíno, a que se acaba de hacer mención.

El tema de "Fierabrás" también aparece en forma deformada en boca de Sancho Panza. El escudero de don Quijote, después de ser magullados por los yangüeses, hubiera querido recibir los beneficios curativos del maravilloso bálsamo, y por ello, le dice a su amo:

> –Querría, si fuese posible –respondió Sancho Panza–, que vuesta merced me diese dos tragos de aquella bebida del feo Blas, si es que la tiene vuestra merced ahí á mano: quizá será de provecho para los quebrantamientos de hueso, como lo es para las feridas. (I, 15; II, 13)

Esa deformación, tan común en Sancho, es, sin lugar a duda, una de las formas en que Cervantes hace brotar el humor en muchos de sus pasajes.

Más adelante en la novela, el autor vuelve a utilizar el tema de "Fierabrás". Un pasaje cómico también, en el que don Quijote, después de recuperarse de la moledura que sufriera a manos del arriero amigo de Maritornes, decide tomar dicho bálsamo como remedio a sus adoloridos huesos. Dice en este punto la novela, que:

---

[80] Durán, II, 231b-232a.

> En resolución, él tomó sus simples, de los cuales hizo un compuesto mezclándolos todos y cociéndolos un buen espacio hasta que le pareció que estaban en su punto. Pidió luego alguna redoma para echallo, y como no la hubo en la venta, se resolvió de ponello en una alcuza o aceitera de hoja de lata, de quien el ventero le hizo grata donación, y luego dijo sobre la alcuza más de ochenta paternostres y otras tantas avemarías, salves y credos, y á casa palabra acompañaba una cruz, á modo de bendición; á todo lo cual se hallaron presentes Sancho, el ventero y cuadrillero; que ya el harriero [sic] sosegadamente andaba entendiendo en el beneficio de sus machos. Hecho esto, quiso él mesmo hacer luego la experiencia de la virtud de aquel precioso bálsamo que él se imaginaba, y así, se bebió de la que no pudo caber en la alcuza y quedaba en la olla donde se había cocido, casi media azumbre; y apenas lo acabó de beber, cuando comenzó á vomitar, de manera, que no le quedó cosa en el estómago; y con las ansias y agitación del vómito le dió un sudar copiosísimo, por lo cual mandó que le arropasen y le dejasen solo. Hiciéronlo ansí y quedóse dormido más de tres horas, al cabo de las cuales despertó, y se sintió aliviadísimo del cuerpo, y en tal manera mejor de su quebrantamiento, que se tuvo por sano, y verdaderamente creyó que había acertado con el bálsamo de Fierabrás y que con aquel remedio podía acometer desde allí adelante, sin temor alguno, cualesquiera ruinas, batallas y pendencias, por peligrosas que fuesen. (I, 17; II, 57-58)

Como Sancho creyera que los efectos del bálsamo eran maravillosos, quiso tomarlo también. Cuan grande fue la sorpresa al ver y sentir que los resultados obtenidos eran totalmente diversos a los de su amo. Esa diferencia en los efectos del bálsamo, permite a Cervantes establecer un contraste entre amo y criado, entre caballero y escudero más bien, que llega hasta la propia constitución física de ambos. Sus estómagos no reaccionan en igual forma, porque son distintos, como cuadra a la concepción quijotesca de lo que es un caballero andante, por eso es que los resultados observados con la administración del brebaje difieren considerablemente también:

Para don Quijote sólo cabe una explicación, que expresa así:

> –Yo creo, Sancho, que todo este mal te viene de no ser armado caballero; porque tento para mí que este licor no debe de aprovechar á los que no lo son. (I, 17; II, 58)

Una simple cita de Fierabrás en el Capítulo 49 de la Parte Primera, concluye el uso de este tema en el *Quijote,* cuando el honrado hidalgo manchego interroga al Canónigo de Toledo sobre la veracidad de varios hechos, incluyendo "lo de Fierabrás con la puente de Mantible". No existe relación entre ningún pasaje romancesco y este episodio de la novela cervantina. La batalla de la puente de Mantible no está relacionada para nada con Fierabrás en ninguno de los romances estudiados.

Muchos de los temas de origen extranjero que informan algunos de los romances hispánicos, provienen, como se ha expresado anteriormente, del *Orlando furioso* de Ariosto. De este poema italiano se valió el poeta que compuso el romance que dice: "Las heridas que á Medoro / Dejaron del todo sano",[81] y el que dice: "En el real de Agramante / Que sobre París tenía",[82] los que a su vez ejercieron influencia sobre los autores españoles de épocas posteriores.

Cervantes, particularmente interesado en los temas carolingios, utiliza el tema de "Sacripante", que tiene su origen en el poema italiano citado, y que toma mayor importancia al incorporarse a la corriente romancesca peninsular.

Dicho tema aparece por primera vez en el Capítulo 10 de la Parte Primera, cuando don Quijote renuncia parcialmente al juramento hecho de vengarse del vizcaíno que dejó maltrecha su celada, y declara:

> Y no pienses, Sancho, que así á humo de pajas hago esto; que bien tengo á quien imitar en ello: que esto mesmo pasó, al pie de la letra, sobre el yelmo de Mambrino, que tan caro le costó á Sacripante. (I, 10; I, 239)

Resulta interesante el comentario que hace Rodríguez Marín en la nota número 7, al pie de la página 239 del volumen I del *Quijote,* de donde procede la cita anterior. Para Rodríguez Marín, o Cervantes se equivocó, o intencionalmente confundió a Dardinel de Almonte con Sacripante en lo que se refiere al yelmo de Mambrino. Es cierto que no fue Sacripante, sino Dardinel quien "pagó caro" por

---

81 Durán, I, 271. Romance número 412.

82 *Ibid.,* 274a-275a. Romance número 419.

dicho yelmo.[83] Lo más probable es que sucediera lo primero, lo del equívoco, como le suele suceder al que cita de memoria, además, al que tiene conocimiento del material ofrecido en los romances antes mencionados, que bien pudiera afectar el poder de selección al momento de escribir sobre estos hechos dentro de la novela.

En el Capítulo 13 de la Parte Primera, Cervantes incluye, justamente al principio, una línea que no es más que el primer verso procedente de un romance de autor anónimo que aparece en el *Romancero general* de Durán, bajo el número 187.[84]

Es curioso observar como el autor de la novela utiliza casi todo el verso del romance, substituyendo la palabra inicial, el adverbio de tiempo "ya", por una frase equivalente, significado éste, que no escapa al curioso lector; la preposición "de" por la contracción "del", y el substantivo "Oriente" con mayúscula, en lugar de con minúscula, sin que por ello se pueda ocultar, aunque quisiera, el origen de esta metáfora.[85]

Casi en igual forma lo utiliza Cervantes más adelante, en la Parte Segunda, cuando se dirigía a Barcelona, según cuenta el narrador,

> Volvióse Roque; quedóse don Quijote esperando el día, así, á caballo, como estaba, y no tardó mucho cuando comenzó á descubrirse por los balcones de Oriente la faz de la blanca aurora, alegrando las yerbas y las flores, en lugar de alegrar el oído; aunque al mesmo instante alegraron también el oído el son de muchas chirimías y atabales, ruido de cascabeles, "¡trapa, trapa, aparta, aparta!"" de corredores, que, al parecer, de la ciudad salían. (II, 61; VIII, 127-128)

Apartándose de la dirección extranjera de influencia, Cervantes vuelve de nuevo a lo nacional. Esta vez se inspira en el tema romancesco de "Vellido Dolfos", de notable popularidad e importancia en el romancero castellano.[86] Este personaje toma parte activa en varios romances del ciclo del Cid, y en muchos otros que no

---

[83] Ludovico Ariosto, *Orlando furioso.* Ed. por Piero Nardi, 21.ª ed. (Verona: Arnoldo Mondadori, 1966), pág. 374. Versos 834 al 841.

[84] Durán, I, 97.

[85] Ver nota 5 al pie de la página 281 del volumen I, del *Quijote.*

[86] Sobre Vellido Dolfos hablan los romances números 777, 778, 779, 780, 782, 784, 785, 786, 788, 789, 791, 805, 806, 809, 818, 819, 912, 914, 1147 y 1886.

pertenecen al mismo.[87] Todos ellos se refieren a la traición que perpetrara este zamorano contra su rey, don Sancho II, a quien mató alevosamente. Cervantes, basado en la tradición contenida en los romances, se refiere simplemente a esta traición cuando la pone de ejemplo de traiciones al lado de Ganalón y don Julián, en los capítulos 27 y 28 de la Parte Primera, y 27 de la Parte Segunda.

Primero, cuando Cardenio refiere al Cura, al Barbero y a Sancho la traición de que fue objeto por parte de su amigo don Fernando, diciendo:

> Por este billete me moví á pedir á Luscinda por esposa, como ya os he contado, y éste fué por quien quedó Luscinda en la opinión de don Fernando por una de las más discretas y avisadas mujeres de su tiempo; y este billete fué el que le puso en deseo de destruirme, antes que el mío se efectuase. Díjele yo á don Fernando en lo que reparaba el padre de Luscinda, que era en que mi padre se la pidiese, lo cual yo no le osaba pedir, temeroso que no vendría en ello, no porque no tuviese bien conocida la calidad, bondad, virtud y hermosura de Luscinda, y que tenía partes bastantes para ennoblecer cualquier otro linaje de España, sino porque yo entendía dél que deseaba que no me casase tan presto, hasta ver lo que el duque Ricardo hacía conmigo. En resolución, le dije que no me aventuraba á decírselo á mi padre, así por aquel inconveniente como por otros muchos que me acobardaban, sin saber cuales eran; sino que me parecía que lo que yo desease jamás había de tener efecto. Á todo esto me respondió don Fernando que él se encargaba de hablar á mi padre y hacer con él que hablase al de Luscinda. ¡Oh Mario ambicioso, oh Catilina cruel, oh Sila facineroso, oh Galalón embustero, oh Vellido traidor, oh Julián vengativo, oh Judas codicioso! (I, 27; III, 20-21)

Y en el Capítulo 28 siguiente, cuando, en relación con la misma situación antes mencionada, Dorotea –a quien acaban de encontrar el Cura, el Barbero, Cardenio y Sancho–, les dice:

> –En esta Andalucía hay un lugar de quien toma título un duque, que le hace uno de los que llaman grandes de España; éste

[87] Los romances números 912, 914, 1147 y 1886 no pertenecen al romancero del Cid, aunque se agrupen conjuntamente con ellos en la nota precedente.

> tiene dos hijos: el mayor, heredero de su estado y, al parecer, de sus buenas costumbres, y el menor no sé yo de qué sea heredero, sino de las traiciones de Vellido y de los embustes de Galalón. (I, 28; III, 52-53)

Y en la Parte Segunda cuando elabora el pasaje en que se cuenta sobre "el pueblo del rebuzno".[88] Don Quijote, tratando de convencer a los habitantes de aquella comunidad sobre lo fútil de los duelos, les dice:

> Días ha que he sabido de vuestra desgracia y la causa que os mueve á tomar las armas á cada paso, para vengaros de vuestros enemigos; y habiendo discurrido una y muchas veces en mi entendimiento sobre vuestro negocio, hallo, según las leyes del duelo, que estáis engañados en teneros por afrentados; porque ningún particular puede afrentar á un pueblo entero, si no es retándole de traidor por junto, porque no sabe en particular quien cometió la traición por que le reta. Ejemplo desto tenemos en don Diego Ordóñez de Lara, que retó á todo el pueblo zamorano, porque ignoraba que sólo Vellido Dolfos había cometido la traición de matar á su rey, y así, retó á todos, (II, 27; VI, 184)

Cervantes utiliza al máximo el tema que le brinda el romancero. El valor del nombre y de los hechos a él unidos, radica en esa traición a que se hace referencia en los párrafos anteriores. Vellido Dolfos probablemente no hubiera sido tan conocido de no haberse producido la traición que produjera la muerte del rey don Sancho, por cuyo motivo sirve de punto de comparación al momento de expresar bajeza semejante.

Otro tema castellano que se remonta a las primeras centurias de la Era Cristiana es el de "Wamba", rey visigodo de España desde 672 hasta 680. Sobre este rey hablan varios romances[89] que cuentan la forma milagrosa cómo Wamba o Vamba llegó a ser rey de

---

[88] En este pasaje Cervantes está relacionando no sólo el tema de "Vellido Dolfos" a su novela, sino todo el asunto del reto de don Diego Ordóñez de Lara al pueblo zamorano que se contempla en los romances números 785, 787, 788, 789, 790 y 791 de Durán, especialmente. Además de estos romances que narran el reto de Zamora, aparece en los romances números 245, 246, 771, 784, 786, 792, 796, 798, 799, 800, 801, 802, 806 y 873, del propio *Romancero* de Durán.

[89] Durán, I, 397-398. Romances números 578, 579 y 580.

España. En el pasaje en cuestión, Cervantes no se refiere a estos hechos, sino simplemente le utiliza como punto de referencia en el tiempo, para indicar la antigüedad que aparentaban la saya y los corpiños que hicieron vestir al Cura, cuando éste y el Barbero, en compañía de Sancho Panza, se disponían a sacar a don Quijote de la Sierra Morena.

El narrador de la novela expone la forma en que la ventera había vestido al Cura en tal ocasión, y al efecto dice:

> Cayeron luego el ventero y la ventera en que el loco era su huésped el del bálsamo y el amo del manteado escudero, y contaron al Cura todo lo que con él les había pasado, sin callar lo que tanto callaba Sancho. En resolución, la ventera vistió al Cura de modo que no había más que ver: púsole una saya de paño, llena de fajas de terciopelo negro de un palmo de ancho, todas acuchilladas, y unos corpiños de terciopelo verde guarnecidos con unos ribetes de raso blanco, que se debieron de hacer, ellos y la saya, en tiempo del rey Wamba. (I, 27; III, 8)

Pero el tema romancesco de "Wamba" llegó al mayor grado del influencia en la segunda parte de la novela, cuando Sancho Panza, conversando con la Duquesa de sobremesa, le dice:

> Y torno á decir que si vuestra señoría no me quisiere dar la ínsula por tonto, yo sabré no dárseme nada por discreto; y yo he oído decir que detrás de la cruz está el diablo, y que no es oro todo lo que reluce, y que de entre los bueyes, arados y coyundas sacaron al labrador Wamba para ser rey de España, (II, 33; VI, 294)

Aquí el autor de la novela se ajusta perfectamente al romance que le sirve de fuente, y que dice:

> En el tiempo de los godos,
> Que en Castilla rey no había,
> Cada cual quiere ser rey,
> Aunque le cueste la vida.
> Sabiéndolo el Padre Santo,
> Que en santidad florecia,
> Pusiérase en oración,
> Rogando en su rogativa
> Que le revelase Dios

Quién sería rey de Castilla.
Por su profunda humildad
Reveládoselo habia,
Que el rey que ellos esperaban
Su nombre Vamba sería,
Y lo habian de hallar arando
Cerca de la Andalucía,
Con un buey blanco y cereño
Y un prieto en su compañía.[90]

La influencia de temas castellanos de la tradición romancesca también se pone de manifiesto cuando Cervantes lleva a su novela el tema de un conocido caballero español de tiempos de los Reyes Católicos: don Gonzalo Hernández (o Fernández) de Córdoba, el Gran Capitán. Cervantes se deja llevar del uso observado en los romances, y se refiere, en dos oportunidades, a Gonzalo Hernández de Córdoba. Primero, en el momento en que el ventero habla de los libros que guarda para las tertulias de tiempos de la siega, encontrándose entre ellos uno sobre la historia del *Gran Capitán Gonzalo Hernández de Córdoba, con la vida de Diego García de Paredes.*

Y, segundo, cuando el Barbero habló de quemar dichos libros, el ventero, que tampoco estaba de acuerdo con la opinión del Cura, le responde, entre otras cosas, lo siguiente:

> Mas si alguno quiere quemar, sea ése del Gran Capitán y dese Diego García; que antes dejaré quemar un hijo que dejar quemar ninguno desotros.
>
> –Hermano mío –dijo el Cura–, estos dos libros son mentirosos y están llenos de disparates y devaneos, y éste del Gran Capitán es historia verdadera y tiene los hechos de Gonzalo Hernández de Córdoba, el cual, por sus muchas y grandes hazañas, mereció ser llamado de todo el mundo *Gran Capitán,* renombre famoso y claro, y dél solo merecido; (I, 22; III, 160)

En otras dos ocasiones llamará al héroe castellano Gonzalo Fernández de Córdoba, una, cuando incluye el tema del "Gran Capitán" en la novela interpolada del *Curioso impertinente,* y otra, durante la célebre conversación de don Quijote y el Canónigo de Toledo, ya

[90] Durán, I, 397. Romance número 578, versos números 1 al 18.

mencionada con anterioridad en este trabajo. La primera, en ocasión de informar al lector sobre el destino de Lotario, muerto en la batalla "que en aquel tiempo dió monsiur de Lautrec al Gran Capitán Gonzalo Fernández de Córdoba" (I, 35; III, 277). Y, la segunda, cuando el propio Canónigo recomienda las lecturas serias, sobre hechos realizados por personajes históricos, señalando entre ellos "un Gonzalo Fernández" de Andalucía (I, 49; IV, 263).

Cuando el barbero dueño del supuesto yelmo de Mambrino, tratando de recuperar su bacía, habla en su favor a todos los presentes en la ya famosa venta, Maese Nicolás, el Barbero, trató de convencerle de que don Quijote estaba en lo cierto acerca del yelmo, y como no podían convencer a las partes interesadas en ningún sentido, se produjo un altercado que a poco envolvió a casi todos los presentes, con lo cual a don Quijote se le representó la idea de que presenciaba la "discordia del campo de Agramante",[91] y dijo en voz alta:

> –Ténganse todos; todos envainen; todos se sosieguen. Óiganme todos, si todos quieren quedar con vida.

Y agrega el narrador,

> Á cuya gran voz todos se pararon, y él prosiguió, diciendo:
>
> –¿No os dije yo, señores, que este castillo era encantado, y que alguna legión de demonios debe de habitar en él? En donfirmación de lo cual quiero que veáis por vuestros ojos como se ha pasado aquí y trasladado entre nosotros la discordia del campo del Agramante. Mirad cómo allí se pelea por la espada, aquí por el caballo, acullá por el águila, acá por el yelmo, y todos peleamos, y todos nos entendemos. Venga, pues, vuestra merced, señor Cura, y el uno sirva de rey Agramante, y el otro de rey Sobrino,[92] y

---

[91] Durán, I, 274a-275a. Romance número 419.

[92] Durán, I, 282. Romance número 434, verso número 4. Este romance es el único que menciona al rey Sobrino, donde aparece junto a Carlo Magno escoltando al victorioso Rugero que acababa de derrotar a Rodamonte. Simple mención ésta que se corresponde con la que hace Cervantes en la novela cuando sirve, supuestamente, de mediador en la disputa entre don Quijote y el barbero dueño de la bacía. Más tarde Cervantes le señala nuevamente como ejemplo de prudencia cuando dice: "Desta manera se apaciguó aquella máquina de pendencias, por la autoridad de Agramante y prudencia del rey Sobrino" (I, 45; IV, 183-184), sin volver a mencionarlo en la novela.

> póngannos en paz; porque por Dios Todopoderoso que es gran bellaquería que tanta gente principal como aquí estamos se mate por causas tan livianas. (I, 45; IV, 181)

Este tema de "Agramante" procede originalmente del *Orlando furioso.* Su presencia en el romancero castellano, y su relación con la novela cervantina sirven de prueba los primeros versos del romance número 419 de Durán, que dicen:

En el real de Agramante
Que sobre París tenía-
Fuego ardiente de discordia
A mas andar se encendia,
Y en los mas robustos pechos
Que en toda la tierra habia,
Furia y saña están soplando
Con la soberbia á porfía:
El rencor echa la leña,
Y la venganza lo atiza;
Suben tan alto las llamas
Que por los ojos salian;
Reyes y príncipes moros
Atajarlo no podian,
Porque el fiero Rodamonte
Mortalmente desafía
Al valiente Mandricardo
Sobre la cuestión antigua
De la linda Doralice
Que á los suyos quitó un dia.[93]

El tema de "Carlomagno" no podía faltar en la novela de Cervantes. El autor hace uso prolífico del mismo, aunque en solo un pasaje se puede encontrar relación con fuentes romancescas, según veremos más adelante.

Las tres primeras oportunidades en que Cervantes usa el tema, sólo se limita a darlo como referencia para indicar la época en que otros hechos habían ocurrido, en los capítulos 48 y 49 de la Parte Primera, y en el capítulo 24 de la Parte Segunda.

---

[93] Durán, I, 274. Romance número 419, versos números 1 al 20.

En el Retablo de Maese Pedro, el autor ha tomado elementos romancescos[94] para elaborar la mayoría de los hechos narrados en esa parte de la novela. En este episodio del Retablo, Cervantes hace uso de personajes históricos o legendarios para producir escenas inolvidables. Además, mezcla el tema de "Carlomagno", con los de "Gaiferos" y "Melisendra" que resultan inseparables en la anécdota.

El muchacho que ayudaba a Maese Pedro en la presentación de su retablo, introduce el espectáculo describiendo cómicamente a las personas que se verán aparecer ante la limitada audiencia. Todo esto está relacionado con la prisión y libertad de la esposa de don Gaiferos, Melisendra,[95] "hija putativa" de Carlo Magno, que ha estado cautiva de los moros de Sansueña por varios años; la reacción del emperador ante la apatía manifiesta del yerno, y, en última instancia, el rescate de Melisendra por don Gaiferos.

Los temas que informan el episodio que aquí se estudia, están tomados principalmente del romance juglaresco del caballero don Gayferos, que comienza con el verso que dice: "Asentado está don Gaiferos",[96] aunque Cervantes tome también un verso de otro romance para ilustrar parte del encuentro de Carlo Magno y su yerno. Se trata del romance que en su primer verso dice: "Oid, señor Don Gaiferos", cuyo verso número 12 aparece textualmente copiado en el texto de la novela.[97]

Cervantes elaboró este pasaje así:

> –Esta verdadera historia que aquí á vuesas mercedes se representa es sacada al pie de la letra de las corónicas francesas y de los romances españoles que andan en boca de las gentes, y de los muchachos, por las calles. Trata de la libertad que dió el señor don Gaiferos á su esposa Melisendra, que estava cautiva en España, en

---

[94] Durán, I, 248-254a. Romances números 376, 377, 378, 379, 380 y 381; II, 420a-421a y 573b-574a. Romances números 1366 y 1734, respectivamente.

[95] De la existencia real de Melisendra (Menéndez Pidal la llama Melisenda en su *Romancero hispánico,* I, 286), no hay rastro alguno. Del mismo Gaiferos, como protagonista de hechos semejantes, se carece de pruebas históricas. En el aspecto geográfico tampoco hay certeza acerca de la ciudad de Sansueña, lugar donde, según los romances que dan fundamento al Retablo de Maese Pedro, ocurren los hechos en él representados.

[96] Durán, I, 248b-252b. Romance número 377.

[97] Durán, I, 252b-253a. Romance número 378.

poder de moros, en la ciudad de Sansueña, que así se llamaba entonces la que hoy se llama Zaragoza; y vean vuesas mercedes allí como está jugando á las tablas don Gaiferos, según aquello que se canta:

> Jugando está á las tablas don Gaiferos,
> Que ya de Melisendra está olvidado.

Y aquel personaje que allí asoma con corona en la cabeza y ceptro en las manos es el emperador Carlo Magno, padre putativo de la tal Melisendra, el cual, mohino de ver el ocio y descuido de su yerno, le sale á reñir; y adviertan con la vehemencia y ahinco que le riñe, que no parece sino que le quiere dar con el ceptro media docena de coscorrones, y aun hay autores que dicen que se los dió, y muy bien dados y después de haberle dicho muchas cosas acerca del peligro que corría su honra en no procurar la libertad de su esposa, dicen que le dijo:

> –"Harto os he dicho: miradlo". [98]

Miren vuesas mercedes también como el Emperador vuelve las espaldas y deja despachado á don Gaiferos, el cual ya ven como arroja, impaciente de cólera, lejos de sí el tablero y las tablas, y pide apriesa las armas, y á don Roldán su primo pide prestada su espada Durindana, y como don Roldán no se la quiere prestar, ofreciéndole su compañía en la difícil empresa en que se pone; pero el valeroso enojado no lo quiere aceptar; antes dice que él solo es bastante para sacar á su esposa, si bien estuviese metida en el más hondo centro de la tierra; y con esto, se entra á armar, para ponerse luego en camino. Vuelvan vuestras mercedes los ojos á aquella torre que allí parece, que se persupone que es una de las torres del alcázar de Zaragoza, que ahora llaman la Aljafería; y aquella dama que en aquel balcón parece, vestida á lo moro, es la sin par Melisendra, que desde allí muchas veces se ponía á mirar el camino de Francia, y puesta la imaginación en París y en su esposo, se consolaba en su cautiverio. Miren también un nuevo caso que ahora sucede, quizás no visto jamás. ¿No ven aquel moro que callandico y pasito á paso, puesto el dedo en la boca, se llega por las espaldas de Melisendra? Pues miren como la da un beso en mitad de los labios, y la prisa que ella se da á escupir, y á

[98] *Ibid.*, 252b.

> limpiarselos con la blanca manga de su camisa, y como se lamenta, y se arranca de pesar sus hermosos cabellos, como si ellos, tuvieran la culpa del maleficio. Miren también como aquel grave moro que está en aquellos corredores es el rey Marsilio de Sansueña; el cual, por haber visto la insolencia del moro, puesto que era un pariente y gran privado suyo, le mandó luego prender, y que le den doscientos azotes, llevándole por las calles acostumbradas de la ciudad,
>
> Con chilladores delante
> Y envaramiento detrás;
>
> y veis aquí donde salen á ejecutar la sentencia, aun bien apenas no habiendo sido puesta en ejecución la culpa, porque entre moros no hay "traslado á la parte", ni "á prueba y estése", como entre nosotros. (II, 26; VI, 155-160)

Poco más adelante, don Quijote protesta por la forma en que el muchacho se expresa, y Maese Pedro le llama la atención de esta manera:

> –Muchacho, no te metas en dibujos, sino haz lo que ese señor te manda, que será lo más acertado; sigue tu canto llano, y no te metas en contrapuntos, que se suelen quebrar de sotiles.
>
> –Yo lo haré así –respondió el muchacho, y prosiguió diciendo–: Esta figura que aquí parece á caballo, cubierta con una capa gascona, es la mesma de don Gaiferos; aquí su esposa, ya vengada del atrevimiento del enamorado moro, con mejor y más sosegado semblante, se ha puesto á los miradores de la torre, y habla con su esposo, creyendo que es algún pasajero, con quien pasó todas aquellas razones y coloquios de aquel romance que dicen:
>
> Caballero, si á Francia ides,
> Por Gaiferos preguntad;[99]
>
> los cuales no digo yo ahora, porque de la prolijidad se suele engendrar el fastidio; basta ver como don Gaiferos se descubre, y que por los ademanes alegres que Melisendra hace se nos da á

---

[99] Durán, I, 250a. Romance número 377, versos números 283 al 291, inclusive. Estos versos no solamente sirven de fuente para los dos versos que Cervantes ha incluido en la novela, sino de todo el párrafo anterior, según se aprecia de los versos números 283 al 288, ambos inclusive.

> entender que ella le ha conocido, y más ahora que veemos se descuelga del balcón, para ponerse en las ancas del caballo de su buen esposo. Mas ¡ay, sin ventura! que se le ha asido una punta del faldellín de uno de los hierros del balcón, y está pendiente en el aire, sin poder llegar al suelo. Pero veis como el piadoso cielo socorre en las mayores necesidades: pues llega don Gaiferos, y sin mirar si se rasgará ó no el rico faldellín, ase della, y mal su grado la hace bajar al suelo, y luego, de un brinco, la pone sobre las ancas de su caballo, á horcajadas como hombre, y la manda que se tenga fuertemente y le eche los brazos por las espaldas, de modo que los cruce en el pecho, porque no se caiga, á causa que no estaba la señora Melisendra acostumbrada á semejantes caballerías. Veis también como los relinchos del caballo dan señales que va contento con la valiente y hermosa carga que lleva en su señor y en su señora. Veis como vuelven las espaldas y salen de la ciudad, y alegres y regocijados toman de París la vía. ¡Vais en paz, oh par sin par de verdaderos amantes! ¡Lleguéis á salvamento á vuestra deseada patria, sin que la fortuna ponga estorbo en vuestro felice viaje! ¡Los ojos de vuestros amigos y parientes os vean gozar en paz tranquila los días (que los de Néstor sean) que os quedan de la vida! (II, 26; VI, 162-164)

Como don Quijote quisiera proteger a los dos enamorados fugitivos, gritando y actuando con su espada, destruyendo a diestro y siniestro, hizo que Maese Pedro, viendo su futuro destruido, diera voces, diciendo:

> –Deténgase vuesa merced, señor don Quijote, y advierta que estos que derriba, destroza y mata no son verdaderos moros, sino unas figurillas de pasta. Mire ¡pecador de mí! que me destruye, y echa á perder toda mi hacienda. (II, 26; VI, 167)

Pero don Quijote, a pesar de las súplicas de Maese Pedro, no se detuvo hasta haber saciado su indignación, y poco más adelante, dijo:

> –Quisiera yo tener aquí delante en este punto todos aquellos que no creen, ni quieren creer, de cuánto provecho sean en el mundo los caballeros andantes: miren, si no me hallara yo aquí presente, qué fuera del buen don Gaiferos y de la hermosa Melisendra: á buen seguro que ésta fuera ya la hora que los

hubieran alcanzado estos canes, y les hubieran hecho algún desaguisado. En resolución, ¡viva la andante caballería sobre cuantas cosas hoy viven en la tierra!

—¡Viva en hora buena —dijo á esta razón con voz enfermiza maese Pedro—, y muera yo, pues soy tan desdichado, que puedo decir con el rey don Rodrigo:

Ayer fuí señor de España...,
Y hoy no tengo una almena
Que pueda decir que es mía!
(II, 26; VI, 168)

Así introduce Cervantes en la novela un nuevo tema romancesco, el del rey godo "don Rodrigo". Aunque son muchos los romances que hablan de este personaje, hay uno que sin duda sirvió a Cervantes de fuente inspiradora; aquel que comienza: "Las huestes del rey Rodrigo / Desmayaban y huian", cuyos versos números 44 al 51, dicen:

—Ayer era rey de España,
Hoy no lo soy de una villa;
Ayer villas y castillos,
Hoy ninguno poseia;
Ayer tenia criados
Y gente que me servia,
Hoy no tengo una almena
Que pueda decir que es mia.[100]

Como se puede observar, haciendo la comparación del romance y los versos incluidos en la novela, el autor de ésta se limitó a utilizar tres de los ocho versos aquí citados, ajustándolos a su gusto mediante substitución del imperfecto "era" por el pretérito "fui" y el substantivo "señor" por el de "rey" que aparece en el primer verso del romance. El segundo verso del *Quijote* añade la conjunción "y" al verso número 7 del romance, y se limita a copiar textualmente el número 8, que es en la novela el tercer verso. Cervantes hace un

---

[100] Durán, I, 407. Romance número 599. Sobre el rey don Rodrigo tratan los romances números 581, 583, 584, 585, 586, 587, 588, 589, 590, 593, 594, 595, 596, 597, 598, 599, 600, 601, 602, 603, 604, 605, 606, 610, 611, 612, 615, 1084, 1296 y 1886.

resumen del lamento, realmente no se necesita más para expresar la misma idea, a pesar de la economía en los versos cervantinos.

Íntimamente relacionados con el tema de "Rodrigo" están los temas de "la Cava" y del "conde Julián". Cervantes no los utiliza siempre en los mismos episodios, pero tradicionalmente deben considerarse en conjunto, ya que así viven desde sus orígenes. [101]

El autor del *Quijote* se sirve del tema de "la Cava" por primera vez en la historia del cautivo, durante el relato de la fuga marítima del mismo. Con el nombre de *Cava Rumia* designaban, según Cervantes, los moros a una cala que les proporcionó amparo del mar bravo. El narrador explica la significación del nombre Cava: *mala mujer cristiana.* [102]

En esta oportunidad, en la Parte Segunda, vuelve Cervantes a utilizar este tema, como elemento de comparación con Dulcinea, en la forma siguiente:

> Dulcinea es principal, y bien nacida, y de los hidalgos linajes que hay en el Toboso, que son muchos, antiguos y muy buenos, á buen seguro que no le cabe poca parte á la sin par Dulcinea, por quien su lugar será famoso y nombrado en los venideros siglos, como lo ha sido Troya por Elena, y España por la Cava, aunque con mejor título y fama. (II, 32; VI, 277-278)

No ha sucedido así con el tema del "conde Julián" en cuanto al uso por Cervantes. Ya se ha visto cómo se le trata por el novelista al hablar de Vellido Dolfos en la página 107 de este Capítulo.

Otro tema épico de gran importancia histórico-literaria, es el de "Fernán González". Además de inspirar infinidad de poemas hoy coleccionados, al menos parcialmente, participa de otros como tema secundario. [103] Cervantes, sin embargo, no se hace eco del mismo, y

---

[101] Sobre el tema de "la Cava", hay que ver los romances números 585, 586, 587, 588, 589, 590, 593, 594, 596, 598, 601, 602, 603, 605, 607, 611 y 1886. El romance número 1296 se refiere a Florinda, la hija de don Julián, su verdadero nombre dentro de la tradición. Todos ellos son romances coleccionados en el *Romancero general* de Durán.

[102] Cervantes, *Quijote,* Parte Primera, Capítulo 41, volumen IV, 84.

[103] Sobre Fernán González tratan los romances números 695, 696, 697, 698, 699, 700, 701, 702, 703, 704, 705, 706, 707, 708, 709, 710, 712 y 714. También le mencionan los números 676, 677 y 1713 del *Romancero general* de Agustín Durán. En

sólo menciona, entre otros ya discutidos en este trabajo, en el pasaje en que el Canónigo de Toledo discute con don Quijote sobre la existencia de la caballería.

Un personaje, procedente de la gesta carolingia, que se menciona en varias oportunidades en el romancero castellano, Guy de Borgoña,[104] sirve también de tema accesorio al pasaje de la novela que se discute. Es el de la disputa entre el Canónigo de Toledo y don Quijote, mencionado en el párrafo anterior. El hidalgo manchego pregunta al prelado: "¿qué ingenio puede haber en el mundo que pueda persuadir ótro que no fué verdad lo de la infanta Floripes y Guy de Borgoña, y lo de Fierabás con la puente de Mantible, que sucedió en el tiempo de Carlo Magno, que voto á tal que es tanta verdad como es ahora de día?" (I, 49; IV, 266), porque necesita respaldo a su criterio, y, para ello, se vale de este y otros temas provenientes del romancero.

De los amores de Floripes y Guy de Borgoña hablan detalladamente los romances números 1255, 1256, 1257 y 1258 del *Romancero* de Durán.[105] Aunque este caballero francés es uno de los doce Pares de Francia, en los romances no se da ningún antecedente relativo a tal cosa. Sólo los amores con Floripes, algunas de sus hazañas y su prisión por Balán, se tratan en los poemas que en él se inspiraron.

De las cuatro oportunidades en que Cervantes utiliza el toponímico "Troya" como tema de su novela, sólo una se puede hallar conectada con fuentes romancescas. En el Capítulo 66 de la Parte Segunda, cuando se dirigía a casa a su regreso de Barcelona, don Quijote pasa frente al lugar donde fuera derrotado a manos del Caballero de la Blanca Luna, hacía poco tiempo, y dice:

> –¡Aquí fué Troya! ¡Aquí mi desdicha, y no mi cobardía, se llevó mis alcanzadas glorias; aquí se escurecieron mis hazañas; aquí, finalmente, cayó mi ventura para jamás levantarse! (II, 66; VIII, 207)

---

el pasaje del *Quijote* (I, 49; IV, 263), se le menciona conjuntamente con otros personajes de las gestas castellanas, entre los que se halla don Manuel de León. Este caballero español, conocido también por Manuel Ponce de León, inspiró los romances que aparecen en el antes citado *Romancero* bajo los números 1128, 1129, 1130, 1131, 1132, 1133, 1134, 1135, 1136, 1137, 1138 y 1139. Ver también nota número 17 al pie de la página 310 del volumen V del *Quijote*.

[104] Durán, II, 233b-241b.

[105] Ver nota 104 anterior.

En esta dramática queja de don Quijote, el autor, al presagiar el final lógico de la vida aventurera del honrado hidalgo manchego, está utilizando, en parte, los versos números 14 y 28 del romance número 603 de Durán,[106] con alguna variación, inspirado en el llanto del rey don Rodrigo por la pérdida del reino, y el verso número 53 del romance número 1696, del grupo de "Romances varios jocosos, satíricos y burlescos",[107] del propio *Romancero*.

Una sola referencia de Cervantes en su novela, mediante una simple pregunta, da entrada en su obra al tema de "Rodamonte". Ocurre esto en el simpático episodio de la primera visita que le hicieron el Cura y el Barbero a don Quijote, para saber cómo se encontraba de salud mental, después de recuperarse de los efectos de la segunda salida. Y como todavía seguía pensando en la caballería andante, entablaron una discusión que en cierto momento origina dicha pregunta, que dice: "¿Quién más bravo que Rodamonte?" (II, 1; V, 42), que expresa muy bien el sentido con que se trata este tema italiano de "Rodamonte", en el romancero. Muchos romances han narrado las proezas de este héroe del *Orlando furioso* de Ariosto, y en relación con el pasaje del *Quijote,* hay buen ejemplo en el romance número 417 del *Romancero* de Durán, cuyos versos 1 al 10, dicen:

Con soberbia y gran orgullo,
Que todo el mundo espantaba,
Saliérase Rodamonte,
Ese bravo rey de Zarza;
Rey de Zarza y de Argel era,
Que por tal se le intitulaba,
En busca de Mandricardo,
Aquese rey de Tartaria,
Que se lleva á Doralice,
Hija del rey de Granada.[108]

---

[106] Durán, I, 409b.

[107] Durán, II, 551b-552a. Además mencionan a "Troya" los romances números 1032, 1342, 1366, 1469, 1563, 1567, 1580, 1652, 1691, 1692, 1701, 1726, 1783 y 1864.

[108] Durán, I, 273. Sobre este tema ver los romances números 33, 34, 35, 418, 419, 433 y 434.

De igual origen que el anterior, es el tema de "Rugero". Este personaje está presente en casi todos los romances de inspiración italiana que recoge el *Romancero general* que venimos citando.

En los romances que le contienen se le trata de valiente, dulce, famoso, gallardo, fuerte y enamorado. Si estos adjetivos no fueran suficientes para elaborar la pregunta de don Quijote al mencionarle por primera vez en la novela, bastaría leer los versos números 49 al 54 del romance número 434, que dicen:

> –¡Si Rodamonte supiera,
> Rugero la ha replicado,
> Que estábades en mi alma,
> No viniera tan osado!
> Con dos contrarios pelea
> Quien tiene conmigo campo.[109]

Al preguntar don Quijote al Cura del pueblo sobre las cualidades de algunos famosos caballeros andantes, le dice al final de su interrogación: "Y, ¿quién más gallardo y más cortés que Rugero, de quien descienden hoy los duques de Ferrara, según Turpín en su Cosmografía?" (II, 1; V, 42), no podía estar más de acuerdo con el contenido de los romances castellanos que le mencionan, y que sin duda alguna informaron al novelista al momento de componer su obra capital.

Vuelve Cervantes de nuevo a servirse de temas castellanos cuando trae a su obra el tema de "Urraca". Participa como elemento secundario de uno de los pasajes más simpáticos de la novela. Su nombre viene a colación cuando Sancho Panza, conversando con Teresa, su mujer, sobre el futuro brillante que a ella y a su hija les espera si él llegara a obtener los beneficios de un gobierno como pago de su trabajo para don Quijote, andando la discusión, ya un poco alterado, le dice a su mujer:

> Ven acá, mentecata é ignorante (que así te puedo llamar, pues no entiendes mis razones y vas huyendo de la dicha); si yo dijera que mi hija se arrojara de una torre abajo, ó que se fuera por esos

[109] Durán, I, 282. sobre el tema de "Rugero" ver los romances números 406, 419, 423, 424, 425, 426, 427, 428, 429, 430, 431, 432, 433 y 439.

mundos, como se quiso ir la infanta doña Urraca, tenías razón de no venir con mi gusto; pero si en dos paletas, y en menos de un abrir y cerrar de ojos, te la chanto un *don* y una *señoría* á cuestas, y te la saco de los rastrojos, y te la pongo en toldo y en peana, y en un estrado de más almohadas de velludo que tuvieron los moros en su linaje los Almohadas de Marruecos, ¿por qué no has de consentir y querer lo que yo quiero? (II, 5; V, 108-109)

Lo que Sancho dice acerca de doña Urraca difiere totalmente de casi todos los romances que de ella hablan, excepto uno, que parece contener una tradición desconocida para los demás. En efecto, el romance número 761 del *Romancero* de Durán, dice en sus versos números 37 al 56, lo siguiente:

Que eres mi hija confieso,
Pero saliste liviana:
En liviandades pensé
Al tiempo que te engendrara.
Parióte madre honorosa,
Mas entregáronte á un ama,
Que con tus palabras muestras
Era de leche villana.
Dices que á tierras ajenas
Te irás; pero no me espanta
Que la que se va de lengua,
A ser infame se vaya.
Mas por si puedo atajar
Tu denuedo y tus palabras,
Tras de las mandas que he fecho
Quiero facer otra manda.
No quiero dejarte pobre
Porque lo dicho non fagas;
Que aunque eres noble mujer,
Eres muy determinada.[110]

---

[110] Durán, I, 497b-498a. Se puede interpretar que al decir el rey don Fernando que ella quiere irse a "tierras ajenas", en aquella época, equivalía a decir "tierra de moros". Esto se comprueba con las relaciones que existían entre su hermano Alfonso y el rey moro de Toledo, donde este último vivía exiliado desde la muerte de su padre, según se observa en los romances números 806, 807 y 808, Durán, I, 519a-522b.

Comienza Cervantes el Capítulo 9 de la Parte Segunda de su novela con el primer verso de una variante antigua de un romance del conde Claros, que dice: "Media noche era por filo / Los gallos querian cantar".

Rodríguez Marín, en nota número 3 al pie de la página 163 del volumen V de su edición del *Quijote* que sirve de base a este estudio, explica que este verso procede –según Covarrubias–, del romance viejo que dice:

Media noche era por filo;
Los gallos querían cantar.[111]

Y si se medita un poco, se ve que el hecho de que la versión de Durán tenga "hilo" en lugar de "filo" no indica más que se trata de una versión más moderna, cuando ya la consonante "f" había evolucionado en "h".[112] Con ello se ve la influencia directa del romance en la novela cervantina.

Poco más adelante Cervantes hace uso de otro romance aparecido en la *Historia* de Ginés Pérez de Hita, en 1595, que dice:

No hay amigo para amigo:
Las cañas se vuelven lanzas;
(II, 12; V, 221)

Como aclara Rodríguez Marín en nota número 12, al pie de la página 221 citada, este romance fue compuesto por Pérez de Hita, lo cual no le hace desmerecer su valor como fuente de la novela, ya que su obra era bien conocida y, sin duda, tuvo que haber influido en este pasaje de la novela, en cuanto al romance transcripto.

Uno de los episodios más interesantes de la Parte Segunda de *El ingenioso hidalgo don Quijote de la Mancha*, es el de la "cueva de Montesinos". En él, además de abrirse una interrogación sobre la posibilidad de que don Quijote haya mentido a sus acompañantes, Sancho y el primo de Basilio, el autor hace desfilar una serie de

---

[111] Durán, I, 218b-221b. Romance número 362.

[112] Nótese que no fue sino hasta principios del siglo XVI que la "h" substituyó a la "f" con mayor consistencia. Sobre ello consúltese a Menéndez Pidal, *Manual de gramática histórica española*, pág. 121.

personajes interesantes del ciclo carolingio, que son parte integrante de los romances de este ciclo.

Sobre el tema de "Montesinos" ha dicho don Ramón Menéndez Pidal, lo siguiente:

> El ciclo de Montesinos derivado de la "chanson de geste" 'Aïol' nos ha dejado muy interesantes romances juglarescos, y a la vez nos ofrece también uno más antiguo tradicional: el lindísimo de 'Rosaflorida' enamorada de Montesinos. [113]

Este personaje que da nombre a la cueva donde supuestamente se desarrolla el importante episodio antes mencionado, como dice Menéndez Pidal, "no sólo es protagonista en el romance tradicional viejo de 'Rosaflorida', sino que es mencionado como indispensable personaje carolingio en varios otros romances juglarescos (Gaiferos, Durandarte, Claros, Marqués de Mantua, Dirlos)". [114]

Además de las referencias que se encuentran en este capítulo del *Quijote* a los mencionados personajes, hay incluido en el texto de la novela un fragmento de romance, que dice:

> –¡Oh, mi primo Montesinos!
> Lo postrero que os rogaba,
> Que cuando yo fuere muerto,
> Y mi ánima arrancada,
> Que llevéis mi corazón
> Adonde Belerma estaba,
> Sacándomele del pecho
> Ya con puñal, ya con daga.
> (II, 23; VI, 95)

De los ocho versos insertados por Cervantes en este capítulo de su obra, los seis primeros son una mezcla del romance número 387 de Durán, que dice: "Oh Belerma! oh Belerma." [115] y del número 388 del propio *Romancero,* que dice: "Por el rastro de la sangre". [116] Los

---

[113] Menéndez Pidal, *Romancero hispánico,* I, 259.
[114] *Ibid.,* 263.
[115] Durán, I, 260.
[116] *Ibid.*

dos últimos son propios de Cervantes, o al menos, no aparecen en ningún otro romance del ciclo.

Los versos primero, tercero, cuarto y sexto del fragmento del *Quijote,* son iguales a los de la versión del *Cancionero de romances sin año.*[117]

Los versos segundo y quinto están alterados ligeramente. Los del *Romancero general,* dicen:

> (2) Lo *que agora yo* os rogaba[118]
>
> (5) Vos llevéis mi corazón[119]

El verso segundo en el texto de la novela resulta exactamente igual al correspondiente del romance número 388 de Durán, antes mencionado. Se trata de un romance reelaborado por el poeta Lucas Rodríguez, y que forma parte de su *Romancero historiado.*[120] Indudablemente la versión del *Cancionero* tiene mucho más valor por ser más antigua la publicación.

No hay por qué dudar que Cervantes conociera bien estas versiones del romance de Montesinos.

Al llegar don Quijote, Sancho y el primo de Basilio a la entrada de la cueva de Montesinos, Sancho trata de persuadir al amo para que evite los peligros que podría padecer de no andar con cuidado. A don Quijote no le agrada mucho la recomendación, y se le cita diciendo:

> –Ata y calla –respondió don Quijote–; que tal empresa como aquésta, Sancho amigo, para mí estaba guardada. (II, 22; VI, 81)

Cuando don Quijote dice "que tal empresa como aquésta... para mí estaba guardada", está remedando el romance que dice: "Estando el rey don Fernando / En conquista de Granada",[121] cuyos versos 25 y 26, sirvieron parcialmente a Cervantes para la elaboración del pasaje.

---

117 *Cancionero de romances sin año,* folio 255.

118 Durán, I, 260a.

119 *Ibid.*

120 Lucas Rodríguez, *Romancero historiado.* Ed. por Melchor de Herrera (Madrid: Imprenta de T. Fortanet, 1875), págs. 186-188.

121 Durán, II, 102. Ver nota número 2 al pie de este romance.

Más tarde, casi al final de la obra, vuelve el autor a usar de estos versos del romance para componer los suyos que dicen:

¡Tate, tate, folloncicos!
De ninguno sea tocada;
Porque este empresa, buen rey,
Para mí estaba guardada.
(II, 74; VIII, 333)

Un tema de origen francés que ha tomado distinto rumbo del original al entrar en la literatura castellana, es el de "Durandarte". Está conectado estrechamente con el de "Montesinos" que acabamos de discutir. Originalmente se refiere a la espada de Roldán, Durindana, que es la castellanización de "Durendal", como se la llama en la *Chanson de Roland.*[122]

Al Cervantes elaborar el episodio de la cueva de Montesinos utiliza elementos aislados del romancero, que encadena muy hábilmente. Durandarte, Belerma y Montesinos, inseparables en el romancero, aparecen en igual forma dentro de la novela, pues así lo requiere la naturaleza de los hechos, a los cuales enlaza su personaje ideal: Dulcinea del Toboso.

Resulta necesario hacer notar que don Quijote no deseaba solamente entrar a explorar la cueva de Montesinos como había expresado con anterioridad (II, 18; V, 340), sino que al propio tiempo buscaba –como dictado por su subconsciente–, una solución al encantamiento en que se encontraba su amada, desde que la vio con Sancho en las afueras del Toboso (II, 10; V, 185-193).

Don Quijote cuenta haber visto a Dulcinea dentro de la cueva en igual forma a como la había visto en aquella oportunidad en que Sancho le engañó con las labradoras, y, como según él estaba encantada con otras tantas señoras principales, le pide seis reales para cubrir algunas necesidades que la mensajera no aclara. El hidalgo manchego trata de fundamentar cuanto vio o dijo haber visto en la cueva, única forma de justificar el encantamiento de su señora, pues de otra manera nunca le hubiera pedido dicho préstamo.

---

[122] *Chanson de Roland.* Versos números 926, 988, 1055, 1065, 1079, 1120, 1324, 1870, 2143, 2264, 2344 y 2780.

Resulta curioso cómo Cervantes, a pesar de la moda de considerar a Durandarte en la forma en que este personaje se había creado dentro de las tradiciones castellanas, también usa el tema directamente de la gesta que habla de la espada, antes de evolucionar tal y como se ha venido diciendo. En el Capítulo 26 de la Parte Segunda, cuando don Gaiferos pide las armas a Roldán para ir a rescatar a su esposa Melisendra, pide la espada "Durindana", no en la forma en que lo hace en el romance que se designa con el número 377 de Durán, que no menciona la espada por su nombre, sino como aparece en los romances que Durán colecciona bajo los números 399, 410, 415, 416, 419 y 1115, donde se la menciona por el nombre, y en los cuales pensaba Cervantes al momento de componer este pasaje.

Uno de los episodios que se desarrollan durante la visita de don Quijote y Sancho a los Duques, es el de la cacería de jabalíes a la que amo y criado asistieron como invitados de los aristocráticos amigos.

Sancho, que una vez más demuestra su cobardía, al ver al jabalí correr hacia el lugar donde ellos estaban esperando, sale corriendo y sube a una encina que encuentra en su carrera, pero al romperse la rama, queda colgado del sayo verde que le habían obsequiado los Duques. Después de ser descolgado, tratando de justificar su actitud, les dice:

> –Si esta caza fuera de liebres ó de pajarillos, seguro estuviera mi sayo de verse en este extremo. Yo no sé qué gusto se recibe de esperar á un animal que, si lo alcanza con un colmillo, os puede quitar la vida: yo me acuerdo haber oído cantar un romance antiguo que dice:
>
> De los osos seas comido,
> Como Favila el nombrado.
> (II, 34; VI, 310)

El propio don Quijote se encarga de aclarar quién era Favila en el párrafo siguiente, pero lo más importante radica en que Sancho estaba haciendo uso de dos versos que tienen bastante semejanza, si no con la forma, al menos con el contenido de los últimos versos de un romance que dice:

Muerto era ese buen rey,
Don Pelayo era llamado,
Que ganó de lo perdido
Por Rodrigo desdichado.
Enterráronlo dentro en Cangas,
Su hijo heredó el reinado;
Don Favila se llamaba,
Nieto del otro preciado.
Dos años lo tiene no mas,
Porque era muy liviano;
Amaba mucho la caza,
Mas que conviene á su estado;
Corriendo la montería
Un gran oso habie hallado;
Matarle quieren los suyos;
Favila les ha mandado
Que ninguno mate al oso,
Que él solo quiere matarlo.
Luego arremetió con él,
A los brazos han llegado;
Mas por la su desventura
El oso lo habie matado.[123]

Sin duda alguna este romance, desde su verso número 10 en adelante, tiene que ver con el juicio que Sancho tenía del deporte de la caza. El escudero considera una liviandad el esperar a un animal que constituye un grave peligro para la vida del cazador. El conocimiento que tiene del contenido de este romance, es el que le hace reaccionar de este modo, al buscar una excusa a su temor, y elabora los versos que cita, como un resumen de todo el poema transcripto.

Hay un romance muy popular que dice: "Mira Nero, de Tarpeya / A Roma como se ardía",[124] que sin duda influyó en Cervantes cuando compuso el suyo que canta a Altisidora junto a la habitación que ocupaba don Quijote en el castillo de los Duques.

---

[123] Durán, I, 414. Romance número 612. Hay que hacer resaltar el hecho de que Sancho simplemente está resumiendo el resultado de la liviandad del rey Favila al prohibir a su vasallos el matar al oso. Es la misma actitud que él está criticando indirectamente respecto de los amigos, los Duques, su señor don Quijote y demás acompañantes.

[124] Durán, I, 393a-394a. Romance número 571.

En los versos 53 al 56 del romance de Altisidora, Cervantes está haciendo una parodia de los que aparecen al principio del romance cuyos versos se han citado en el párrafo anterior. Hay ruego en los versos de ésta, cuando en el romance el poeta se limita a narrar los hechos.

La popularidad del romance antes mencionado está comprobada con la relación que hace Bernal Díaz del Castillo de una anécdota ocurrida durante la conquista de Méjico, en su *Verdadea historia de los sucesos de la conquista de la Nueva-España,* cuando dice:

> Acuérdome que entónces le dijo un soldado que se decía el bachiller Alonso Pérez, que después de ganada la Nueva-España fue fiscal é vecino en Méjico: "Señor capitán, no esté vuestra merced tan triste, que en las guerras estas cosas suelen acaecer, y no se dirá por vuestra merced:
>
> Mira Nero, de Tarpeya,
> A Roma cómo se ardía".[125]

La parodia de Cervantes tiene mucho que ver con estos versos aquí citados. Y si, como comprueba Díaz del Castillo, los soldados de la conquista de Méjico memorizaban estos versos, no podemos dudar ni un instante que Cervantes estaba bien ilustrado en la materia.

Entre los romances del Cid hay dos[126] que se refieren a un tema que sirve a Cervantes para elaborar parte del pasaje en que Sancho, de regreso al castillo de los Duques, procedente de la ínsula que gobernaba, cae dentro de una sima que le trajo a la memoria la cueva de Montesinos y a su amo, don Quijote, por cuyo recuerdo, lamentándose de su suerte, dice:

> Ésta que para mí es desventura mejor fuera para aventura de mi amo don Quijote. Él sí que tuviera estas profundidades y mazmorras por jardines floridos y por palacios de Galiana, y esperara salir de esta oscuridad y estrecheza á algún florido prado; pero yo sin ventura, falto de consejo y menoscabado de ánimo, á cada paso

---

[125] Bernal Díaz del Castillo, *Verdadera historia de los sucesos de la conquista de la Nueva-España,* II (Madrid: Imprenta de Tejado, 1862), 280.

[126] Durán, I, 553b-555b. Romances números 876 y 879. Ver también nota número 93, página 50 del Capítulo I de este libro.

> pienso que debajo de los pies de improviso se ha de abrir otra sima más profunda que la otra, que acabe de tragarme. (II, 55; VIII, 12-13)

Mucho tendría que imaginarse don Quijote para poder comparar la rudeza de la cueva en que se hallaba Sancho con los palacios de Galiana, que según los versos 29 al 31 del romance número 879 de Durán, tiene "las paredes de brocado / Y el suelo de terciopelo".[127]

Sancho Panza se caracteriza por mezclar refranes que ensarta en cualquier conversación, muchas veces, sin que nada tenga que ver el uno con el otro. En una oportunidad, en el Capítulo 60 de la Parte Segunda, cuando se encaminaban a Barcelona, don Quijote despierta a Sancho queriéndole desenlazar para poder azotarle como Sancho tenía prometido y no tenía intención de cumplir. El pobre escudero, tratando de defenderse, dio con el amo en el suelo, provocando a don Quijote, que le dice:

> ¿Cómo, traidor? ¿Contra tu amo y señor natural te desmandas? ¿Con quien te da su pan te atreves?
>
> –Ni quito rey, ni pongo rey –respondió Sancho–, sino ayúdome á mí, que soy mi señor. (II, 60; VIII, 100-101)

Para este pasaje Cervantes se sirvió de un verso de romance que dice: "ni quito Rey / Ni pongo Rey de mi mano, / Pero hago lo que debo / Al oficio de criado". Estos versos proceden de un romance que comienza: "Los fieros cuerpos revueltos",[128] sobre la muerte del rey don Pedro el Cruel, a manos de su hermano bastardo, don Enrique de Trastamara. Esa declaración ha sido atribuida a Beltrán Duguesclín que se encontraba al servicio de don Enrique al ocurrir estos hechos.

Poco más adelante Sancho agrega:

> Vuesa merced me prometa que se estará quedo, y no tratará de azotarme por agora; donde no,

---

[127] *Ibid.*

[128] Durán, II, 43. Romance número 978, versos números 25 al 28.

Aquí morirás traidor,
Enemigo de doña Sancha.
(II, 60; VIII, 101)

Estos dos versos que se han unido por Sancho a los anteriores, como si fueran de igual origen y naturaleza, están totalmente desligados del asunto que inspirara los anteriores. Los últimos proceden de un romance publicado en el *Cancionero de romances,* que comienza: "A cazar va don Rodrigo". [129] En esta oportunidad Cervantes se limitó a copiar textualmente al romance. En el poema en cuestión, el poeta se refiere a la muerte de don Rodrigo de Lara a manos del hermano de padre de los siete infantes de Lara, Mudarra González.

[129] Durán, I, 455. Romance número 691, versos finales.

CONCLUSIÓN

UNA revisión minuciosa del *Quijote* que abarque la totalidad de la obra, a la vez que un estudio de todos y cada uno de los pasajes que se desarrollan dentro de la novela, brindan una prueba evidente de la abundante influencia romancesca en la obra capital de don Miguel de Cervantes.

Como se ha podido observar en los capítulos precedentes de este estudio, la gran masa de romances que estaban en producción desde tiempos tan remotos como el siglo XIII, llegó a tener forma impresa, en muchas ocasiones, en los albores del siglo XVI, mediante los llamados "pliegos sueltos". Casi al mismo tiempo una profusión de cancioneros y romanceros, conteniendo un gran número de estos poemas, floreció, haciendo posible a los escritores y poetas el acceso a los temas romancescos. Esto explica el tremendo auge que tuvo el género romancesco en el Renacimiento, tanto en el teatro, como en la poesía y en la novela, aunque con variada extensión.

Es bien sabido, como se ha visto en el Capítulo I de este trabajo, que los poetas dramáticos invadieron el romancero en busca de temas para sus obras ya que dichos poemas brindaban una fuente inagotable de inspiración.[1] Así se sirven del romancero con indudable éxito, desde Juan de la Cueva,[2] en el último tercio del siglo XVI, hasta Lope de Vega y Pedro Calderón de la Barca, en el siguiente

---

[1] Ver página 49 del Capítulo I. Obsérvese la gran influencia de los romances en la obra dramática de Lope de Vega.

[2] Ver página 48 de este libro.

siglo, pues ofreciéndoseles tan fácilmente los romances[3] en versiones impresas u orales, les resultaba tanto más atractivo el buscar en los romances los temas a desarrollar en sus obras, que la creación de temas propios. Además, el gusto popular aceptaba mejor los motivos populares contenidos en dichos poemas. No hay que olvidar la gran tendencia que existía en los siglos XVI y XVII a imitar o copiar de escritores y poetas precedentes.[4]

También se ha podido observar cómo la popularidad de los romances publicados en forma de "pliegos sueltos", llevó a muchos autores y editores de romances a coleccionarlos en volúmenes extensos conteniendo, en algunos casos, no sólo romances, sino otras composiciones poéticas, hasta que, alrededor de 1548, se publicó el denominado *Cancionero de romances sin año,* por Martín Nucio, con más de 150 romances, primero en su género.

Toda esta profusión de publicaciones hizo que muchos poetas simpatizaran con la moda romancesca, y que cultivaran el verso octosílabo en gran escala, y que otros se sirvieran de los ya compuestos para buscar, al igual que lo habían hecho los poetas dramáticos, los temas que sirvieron de inspiración a obras de todo género, incluyendo, como en el caso de Cervantes, el de la novela, que encuentra, no sólo temas para muchos pasajes del *Quijote,* sino también modelos para varios romances incluidos en dicha novela, como los cantados por Altisidora en dos oportunidades. Se trata de los romances que comienzan: "¡Oh tú, que estás en tu lecho, / entre sábanas de holanda", (II, 44; VII, 141-145), y "Escucha mal caballero; / Detén un poco las riendas"; (II, 57; VIII, 37-40), en los que el autor utiliza versos provenientes del romancero.[5]

---

[3] Ver páginas 44 a 47 del Capítulo antes citado.

[4] Ver nota número 95 al pie de la página 50 del propio Capítulo I.

[5] En el primero de estos romances, ya se ha visto, Cervantes parodia los versos números 1 y 2 de un romance, que dicen: "Mira Nero, de Tarpeya / A Roma cómo se ardía" (Durán, I, 393a-394a. Romance número 571). En el segundo, el novelista está haciendo uso de un tema romancesco que aparece en el romance de "Olimpia y Vireno", de origen italiano, que dice: "Subida en un alta roca / Donde bate el mar insano" (Durán, I, 268. Romance número 405). Cervantes utiliza el tema para confeccionar el estribillo de su poema; y, conjuntamente con este tema, el de "Eneas" que se toma del romance que dice: "Rendidas ya las banderas, / Y sin hierro muchas lanzas" (Durán, I, 323b-324a. Romance número 483), y del que dice: "Por la mar navega Eneas / Después de Troya perdida" (Durán, I, 324. Romance número 484).

En otras tres ocasiones usa Cervantes la forma del romance en su obra capital, sin que para ello se sirva de temas del romancero. En la Parte Primera, Antonio, el cabrero, canta a don Quijote y sus amigos cabreros, el romance que dice: "Yo sé, Olalla, que me adoras, / Puesto que no me lo has dicho" (I, 11; I, 257-259); también en la Parte Primera, cuando Luis, el enamorado de doña Clara Pérez de Viedma, que se halla en la venta disfrazado de mozo de mulas, canta el romance que dice: "Marinero soy de amor / Y en el piélago profundo", (I, 43; IV, 121-122), y, ya en la Parte Segunda, cuando don Quijote, inspirado por la desventura de Altisidora, se decide a cantar un romance que él mismo había compuesto, y que comienza así: "–Suelen las fuerzas de amor / Sacar de quicio á las almas", (II, 46; VII, 175-176).

Tales manifestaciones del género romancesco, productos del propio Cervantes, se unen a otros romances por él compuestos,[6] que le hacen ser considerado "entre los romancistas más famosos".[7]

Un aspecto muy importante en el estudio de las fuentes romancescas del *Quijote,* es el relacionado con los romances de tradición oral, porque Cervantes, en varias ocasiones, bien cita versos de memoria, procedentes de esta tradición,[8] o incorpora elementos del romancero[9] que también proceden de dicha tradición oral, como se aprecia de la lectura de la novela.

Se ha visto en el cuerpo de este libro, que el novelista hace uso de romances en pasajes como aquél en que Sancho, hablando consigo mismo, trata de darse ánimo, justificándose ante el posible peligro que corría si era sorprendido durante la visita a la aldea de Dulcinea, y dice:

> –Y ¿paréceos que fuera acertado y bien hecho que si los del Toboso supiesen que estáis vos aquí con intención de ir á sonsacarles sus princesas y á desosegarles sus damas, viniesen y os moliesen las costillas á puros palos, y no os dejasen hueso sano? En verdad que tendrán mucha razón, cuando no considerasen que soy mandado, y que

---

6 Poemas números 26, 27, 28 y 29 de la sección de "Poesías sueltas", en *Obras completas.* Ed. por Ángel Valbuena Prat. (Madrid: Aguilar, 1960) págs. 53-55.

7 Menéndez Pidal, *Romancero hispánico,* II, 119.

8 Así quedó aclarado en la página 76 del Capítulo II de este libro.

9 Ver página 67 del Capítulo II antes mencionado.

Mensajero sois, amigo,
Non merecéis culpa, non.[10]

Aquí, precisamente por el origen tradicional de la fuente, aparecen dichos versos en variante distinta a las de las colecciones de que se dispone para este trabajo. Tal hecho comprueba el conocimiento por parte de Cervantes de estas fuentes populares.

Ya se ha referido en el párrafo tercero, página segunda de estas conclusiones, el hecho indudable de la existencia de una tradición oral, latente, que no desapareció con la publicación de romances a partir del siglo XVI, y que vive aún en España, y fuera de ella, como sucede con el caso de los sefardíes residentes del norte de África.

La gran influencia romancesca operada en el autor del Quijote a que se ha hecho mención al comienzo de estas conclusiones, es indudable que no proviene de un sector específico del romancero, sino de varios de ellos, que se pueden agrupar, a saber, en carolingios, nacionales, bretones y de origen vario, de acuerdo con el grado de influencia ejercido en la obra de Cervantes.

Los temas carolingios tienen el mayor grado de influencia dentro de esta novela, y su procedencia varía, pues bien llegan a Cervantes a través de las poesías de origen italiano, romances inspirados en particular en el *Orlando furioso* de Ariosto, o, de temas que llegan directamente a la Península, sin intermediario extraño.

El primer grupo de romances, los inspirados en el *Orlando furioso,* trae el tema carolingio a la novela cervantina, mediante la invocación de nombres de sus héroes: Orlando, Angélica, Agramante, Fierabrás, Rodamonte y Rugero, en los que sintetiza cualidades o simplifica hechos que, provenientes del referido poema italiano, han llegado al autor ya reelaborados por los poetas del romancero, y que Cervantes adapta a sus circunstancias y necesidades. Así sucede en los versos de cabo roto y en un soneto que aparecen el principio de la novela, según se aprecia en la página número 59 y en las notas 4 y 5 al pie de la propia página, Capítulo II de este libro.

Vuelve Cervantes a los temas carolingios que proceden de la literatura italiana, cuando se refiere al "bálsamo de Fierabrás". El romance que utiliza el novelista para la elaboración del pasaje en que

---

[10] Ver página 74 del propio Capítulo II.

don Quijote se acuerda del referido brebaje como remedio a sus males, no sólo le sirvió en tal aspecto de la obra, sino que, además, guarda íntima relación con la batalla que sostuviera don Quijote con el vizcaíno. Esta batalla se asemeja a la librada entre Oliveros y Fierabrás narrada en el romance número 1254 del *Romancero general* de Durán. [11]

También de procedencia italiana es el tema de "Sacripante". Este tema se utiliza indebidamente por Cervantes, ya que se le hace aparecer a Sacripante como responsable de haber pagado caro por el yelmo de Mambrino, cuando en realidad el responsable lo era Dardinel de Almonte. [12]

La discusión sobre la identidad y propiedad de la bacía del barbero, que don Quijote tenía por yelmo (I, 45; IV, 181), provoca tal situación de violencia, que le trae a la memoria de don Quijote la famosa "discordia del campo de Agramante", mencionada en el romance que dice: "En el real de Agramante / Que sobre París tenía". [13]

Pero la influencia carolingia llega a su máxima intensidad con los temas de "Roncesvalles", "Roldán", "Reinaldos de Montalbán", "los doce Pares de Francia", "Carlomagno", "Gaiferos", "Melisendra", "Guy de Borgoña", "Montesinos" y "Durandarte", todos de procedencia francesa.

Estos temas llegan al romancero, y de ahí a Cervantes, por vía directa de la tradición francesa en España que, como se ha visto, [14] arribó a tierras ibéricas desde tiempos muy remotos.

Gran importancia tiene, no sólo para Cervantes en su obra capital, sino para la literatura castellana en general, el tema de "Roncesvalles". Relacionado con él, se encuentra en el *Quijote,* y fuera del mismo, el tema de "Bernardo del Carpio". Sin Roncesvalles, tal y como los poetas franceses lo presentan a través de todas las épocas, no es posible pensar en un héroe épico español que sirviera para contrarrestar las hazañas de los caballeros francos. [15] Esa admiración que demuestra Cervantes hacia Bernardo del Carpio

---

[11] Durán, II, 231b-233b.

[12] Ver nota 83 al pie de la página 105 del Capítulo II.

[13] Durán, I, 274a-275a. Romance número 419.

[14] Ver páginas 29 y siguientes del Capítulo I.

[15] Ver páginas 30 y 31 del propio Capítulo I, y 72 y siguientes del Capítulo II.

(I, 1; I, 57), no es más que la expresión confirmatoria de los sentimientos del pueblo español, a cuyo héroe cantan los romances tradicionalmente, que corren de boca en boca, a través de los siglos, y que el novelista siente, como parte del pueblo que es.

En cuanto al tema de "Roldán", hay que hacer notar la estrecha relación que el mismo tiene con la fuente romancesca utilizada por Cervantes en la elaboración del pasaje en que don Quijote confunde al Cura con el arzobispo Turpín (I, 7; I, 175). No puede existir duda en cuanto a la fuente del pasaje, pues el autor presenta un aspecto del héroe francés únicamente hallado en el romance del conde Dirlos, citado en el Capítulo II de este libro.[16] Tal conexión con la fuente romancesca de hecho confirma la procedencia del tema dentro de la novela.[17]

Otro tema carolingio que Cervantes trata con indudable maestría, es el de "Reinaldos de Montalbán". El autor del *Quijote* se ajusta a las variaciones del romancero, y, de acuerdo con éste, elabora los pasajes de su novela relacionados con dicho tema.[18] Existe en el *Quijote* el mismo contraste observado entre algunos pasajes del romance del conde Dirlos.[19]

Dos temas romancescos que aparecen extensamente usados por Cervantes en el *Quijote,* son los de "Valdovinos" y su tío "el marqués de Mantua".[20] El novelista se vale de ellos para producir escenas de la mayor curiosidad, reproduciendo unos versos de romance muy conocidos, que comienzan: "¿Dónde estás, señora mía, / Que no te duele mi mal? (I, 5; I, 133-134). La indudable relación con la fuente romancesca, en este caso, no se limita al tema, sino que de hecho utiliza –con ligera variación–, versos de un romance.[21]

También de extracción romancesca es el pasaje en que el vecino Pedro Alonso saca un paño y limpia la cara a don Quijote, que se cree Valdovinos, y a quien no podía reconocer de otro modo (I, 5;

---

[16] Ver páginas 79 y 80 del Capítulo II.

[17] Ver páginas 78 a 80 del Capítulo II.

[18] Ver páginas 80 a 83 del propio Capítulo II.

[19] Durán, I, 198-207. Romance número 354, versos números 141, 215, 808 y 1006; y romance número 371, versos números 77 al 86.

[20] Estos temas son inseparables. Sobre esto se ha hablado ya en las páginas 87 a 97 del Capítulo II.

[21] Durán, I, 207b-212b. Romance número 355, versos 176 al 179.

I, 136). Hay una relación muy estrecha entre este pasaje de la novela y los hechos narrados en el romance.[22]

Asociado con estos temas de "Valdovinos" y del "marqués de Mantua," está el del "juramento" del propio marqués. De este tema hay dos versiones, una directamente tomada de la fuente romancesca, y, otra, la que se produce por Sancho Panza, de sabor cómico, y en la que el escudero califica al marqués de "loco viejo".[23]

Un tema carolingio que es bien conocido, aunque no determine de por sí ningún pasaje dentro de la novela cervantina, es el de "los doce Pares de Francia". Su utilización por Cervantes está bastante de acuerdo con la moda del romancero de la simple mención o como punto de comparación, mediante la propia identificación de don Quijote con "todos los doce Pares de Francia" (I, 5; I, 138). Pero donde llega al máximo del uso de este tema en su novela, es en el momento en que don Quijote se lamenta de cómo los caballeros andantes dejan que los cortesanos lleven todo el beneficio de la victoria por ellos lograda. Allí, ya se ha dicho, el autor logra un punto culminante al menospreciar a los caballeros que pasan la vida en el sosiego de la corte (I, 7; I, 174).

Tres temas inseparables en la novela son los de "Carlomagno", "Gaiferos" y "Melisendra". Las únicas oportunidades en que Cervantes hace uso del primero, por sí solo, el autor se limita a meras referencias sin importancia. Sólo cuando aparecen en conjunto, se observa la relación de dependencia entre la fuente romancesca y la novela. Así elabora lo más importante del episodio del Retablo de Maese Pedro basándose en el romancero, según se comprueba en lo discutido en las páginas 112 a 116 del Capítulo II precedente.

Cervantes utiliza una vez más las fuentes romancescas carolingias cuando comienza el Capítulo 9 de la Parte Segunda con el primer verso de un romance antiguo que dice: "Media noche era por filo".[24] El novelista sin duda toma esta línea de una versión muy vieja del romance, y como se ve de la lectura de la novela, se ha alterado únicamente en la consonante inicial de la última palabra: filo. Cervantes ha transcrito *hilo,* en una versión más evolucionada del vocablo.

---

[22] Ibid., versos números 408 al 411.

[23] Ver páginas 94 a 96 del Capítulo II.

[24] Durán, I, 218b. Romance número 362.

Por otra parte Cervantes tenía que volver los ojos a las tradiciones patrias y, consecuente con ello, buscar también temas en los romances castellanos de inspiración nacional. Así inicia su libro con unos versos de cabo roto entre los que se encuentra el verso número 37, que menciona a "don Álvaro de Luna". Ya se ha dicho –sin embargo–, que Cervantes sólo se limitó a tal mención, y las razones que tuvo para tan limitado uso del tema.[25]

Es indudable la influencia del romancero cidiano en la novela de Cervantes. Su forma de concebir en sus retratos literarios a don Rodrigo Díaz, así como las otras referencias a este caballero que se contienen en el *Quijote,* demuestra que el novelista conocía perfectamente los romances del Cid, los que todavía se conservan hoy día.[26]

Otro tema netamente español, del que ya se ha hablado en las páginas 133 y 136 de estas conclusiones, es el de "Bernardo del Carpio". Su presencia en el *Quijote,* aunque no provenga en su totalidad del romancero, sí tiene antecedentes romancescos, si no en los hechos referidos por la muerte de Roldán, sí se relacionan con la exaltación poética del personaje visible en los romances a él dedicados.[27] No obstante, hay una contribución directa del romancero procedente del romance que dice: "Con cartas sus mensajeros / El rey al Carpio envío"; que se ha discutido en la página 74 del Capítulo II de este libro.

Otra manifestación de los temas netamente castellanos la encontramos en la del tema de "don Diego Pérez de Vargas". Este tema está verdaderamente presente en la novela, y su origen es estrictamente romancesco.[28] Cervantes necesita substituir la lanza rota de don Quijote después de la batalla de los molinos de viento, y no pudo encontrar mejor idea que la sugerida por el romance que canta las aventuras del caballero español don Diego Pérez de Vargas (I, 8; I, 194-195).

El tema de "Vellido Dolfos",[29] es un tema de mucha importancia dentro de la literatura castellana. Las actividades de este personaje en relación con la muerte del rey don Sancho II, le han hecho

---

[25] Ver página 59 del Capítulo II.
[26] Ver páginas 67 a 72 del propio Capítulo II.
[27] Ver páginas 72 a 74 del Capítulo II.
[28] Ver páginas 99 y 100 del propio Capítulo.
[29] Ver páginas 105 a 107 del mismo Capítulo.

popularísimo, y su imagen de traidor, llega así a los pasajes del *Quijote,* donde se usa por el novelista conjuntamente con el tema, también castellano, de "don Julián", [30] y el carolingio de "Galalón". [31] Como tal ejemplo de traidor lo utiliza Cervantes en tres oportunidades.

Otro tema romancesco presente en la novela, aunque de menor importancia, es el de "Wamba" o "Vamba", el cual llega a su mayor grado de influencia en el pasaje en que Sancho Panza, conversando con la Duquesa y sus damas, les refiere la forma en que dicho rey visigodo fue elegido para tan alto cargo. [32]

Por otra parte llama la atención del lector la forma en que Cervantes trata el tema de "Gonzalo Hernández o Fernández de Córdoba, el Gran Capitán", sin darle mucha importancia. El novelista sólo lo utiliza como referencia para otros hechos de menor importancia, si bien ensalza al personaje de acuerdo con sus merecimientos. Hay que admitir, sin embargo, la directa intervención de los elementos romancescos en las simples menciones durante la estancia de don Quijote en la venta y en la novela interpolada del *Curioso impertinente.*

Mucho más relevancia le concede Cervantes al tema de "don Rodrigo", el último rey godo de España. En esta ocasión el tema viene directamente del romancero, y así se le utiliza en forma versificada (II, 26; VI, 168), con motivo de la batalla unilateral de don Quijote en el Retablo de Maese Pedro. Cervantes produce cambios ligeros en los versos manteniendo lo más esencial de los mismos, divorciando dicho tema del de "la Cava" y "don Julián", que aparecen en combinación en otros episodios de la novela. Es curioso ver como Cervantes, aunque distingue claramente, compara la fama que llegará a tener Dulcinea con la ya adquirida por la Cava (II, 32; VI, 277-278).

Procedente también de la tradición del rey don Rodrigo, toma Cervantes el toponímico "Troya" como tema de uno de sus pasajes de trascendencia, cuando don Quijote, al regresar de su última aventura, pasa junto al lugar en que fuera derrotado por el Caballero de la Blanca Luna, y declara: "¡Aquí fue Troya!" remedando al rey

---

30 Ver página 105 del propio Capítulo II.

31 Ver páginas 105 a 107 del mismo.

32 Ver nota 87 al pie de la página número 106 del Capítulo II.

don Rodrigo, tal y como lo presentan algunos pasajes romancescos.[33]

El tema de "Fernán González" es otro que, a pesar de su importancia dentro del romancero y de la historia de España, no fue acogido por Cervantes como debía a la estatura histórica del personaje. Su entrada en la novela se limitó a una simple mención en el Capítulo 49 de la Parte Primera. No se explica como Cervantes no dio ninguna consideración al héroe castellano.

Muy popular también en el romancero es el tema de "Urraca", la infanta hija del rey don Fernando I, que heredara Zamora de su padre, hecho que produjo una serie de eventos históricos, los que a su vez engendraron un sin número de pasajes romancescos y cronicales. Pero Cervantes sólo la cita en el pasaje cómico en que Sancho Panza discute con su mujer el futuro de su hija (II, 5; V, 109).

Al igual que el tema anterior, Sancho Panza está encargado de introducir otro tema castellano en la trama de la novela. Se trata del tema de "Favila", cuyo uso por Cervantes tiene mucha ascendencia romancesca. Sancho se excusa del temor demostrado al tratar de huir de un jabalí que cazaban en unión del Duque y otros amigos, y cita dos versos octosílabos que condensan material procedente del romancero (II, 34; VI, 310). Este personaje, con ser de mucho menor importancia para los españoles, fue tratado con más entusiasmo por el novelista, como puede apreciarse si se compara con lo dicho sobre otros temas en los párrafos anteriores.

El propio Sancho está encargado de traer a colación un tema interesante, el de "Galiana", al referirse –mientras estaba sufriendo el desventurado accidente ocurrido a su regreso del gobierno de la ínsula (II, 55; VIII, 12-13). Es una simple referencia a los "palacios de Galiana", que el autor produce para corroborar el criterio que en este momento tiene el desgraciado escudero de su amo.

Otro tema de origen castellano que adopta Cervantes procedente del romancero es el de "Pedro el Cruel". Su contacto con el romancero se limita a la frase famosa pronunciada por Beltrán de Duguesclín, cuando encontrándose al servicio de Enrique de Trasta-

---

[33] Durán, I, 409. Romance número 603. Ver también páginas 118 y 119 del Capítulo II de este libro.

mara, estaba presente al momento de la muerte del rey don Pedro, frase que ha quedado grabada en el romancero, así: "Ni quito Rey / Ni pongo Rey de mi mano, / Pero hago lo que debo / Al oficio de criado–".[34]

Por último, Cervantes utiliza un tema popular, el de "doña Sancha", hermana de don Rodrigo de Lara, tío de los siente infantes, según aparece en el romance que dice: "A cazar va Don Rodrigo, / Y aun Don Rodrigo de Lara": cuyos dos últimos versos copia textualmente el novelista y los expresa por boca de Sancho Panza (II, 60; VIII, 101).

Aún en menor grado que algunos de los temas castellanos que se han visto con anterioridad, Cervantes utiliza los romances del llamado ciclo Bretón. Y a pesar de que se observa mayor influencia del tema de "Amadís" que de otros, dicha influencia procede en su mayor parte de la novela de caballería.

No obstante esto, se ha podido observar que los romances de dicho ciclo Bretón han ejercido alguna influencia en Cervantes, como sucede en los casos de los temas de "Oriana", "Miraflores", "el caballero del Febo", y "Lanzarote", y aún respecto del propio Amadís, en dos ocasiones.

En cuanto al tema de "Amadís", se ha visto que Cervantes tenía presente el romance que dice: "En la selva está Amadís, / El leal enamorado",[35] al elaborar el soneto de "Amadís de Gaula á don Quijote de la Mancha", pues el romance, en sus versos 3 y 4 expresa los mismos sentimientos que el soneto compuesto por el novelista en su obra capital (I, Versos preliminares; I, 35).

Los temas de "Oriana" y el "palacio de Miraflores", sirven a Cervantes para la elaboración del soneto de "La señora Oriana á Dulcinea del Toboso". En este soneto el novelista se ha inspirado, sin duda alguna, en el romance que dice: "Despues que el muy esforzado / Amadís que fué de Gaula", que brinda a Cervantes suficientes elementos para la composición de su poema en forma elegante.

El tema del "caballero del Febo", aunque no con gran profusión, sí con claridad, llegó al *Quijote* procedente del romancero. Su origen

---

[34] Ver páginas 129 párrafo segundo y 130 del Capítulo II de este libro.

[35] Durán, I, 185. Romance número 336.

es indudable en dos pasajes de la novela. Primero, en el Capítulo 25 de la Parte Primera, cuando, llegado don Quijote a la Sierra Morena, da libertad a su caballo parodiando al referido caballero tal y como lo canta aquel romance que dice: "Aquel magnánimo Febo, / Que morir determinaba" el que –al igual que don Quijote–, había libertado a su caballo cuando se disponía a recibir la muerte sintiéndose despreciado de su amada.[36] Y, segundo, cuando Cervantes elabora el episodio del buque encantado (II, 29; VI, 206). La semejanza extraordinaria de este pasaje y el contenido en el romance que dice: "Hallábase el alto Apolo / Muy molido y fatigado"[37] no deja lugar a dudas en cuanto al origen de la fuente cervantina.

Con mucha fidelidad se utiliza por parte de Cervantes el tema de "Lanzarote" en la novela. Desde principio de la obra se pone de manifiesto esta influencia, primero, mediante la introducción, con ligeras variantes, de algunos de los versos de un romance de Lanzarote, para poco más adelante, confirmando el origen romancesco de este material, transcribir cuatro de dichos versos tal y como se encuentran en el romance mencionado.[38]

Cervantes también busca temas en los romances inspirados en la historia de Roma, como sucede con el tema del emperador "Nerón", cuyo tema sirvió para elaborar el romance que canta Altisidora, que dice: "–¡Oh tú, que estás en tu lecho, / Entre sábanas de holanda", ya relacionado anteriormente, (II, 44; VII, 141).

De igual modo busca Cervantes tema en los romances caballerescos de origen vario, y encuentra en el romance de "La constancia", inspiración para uno de los pasajes de su obra, cuando don Quijote, hablando al ventero durante su primera salida, le hace saber a éste que para él sus arreos son las armas y su descanso el pelear, haciéndose eco de los versos del mencionado romance viejo.[39]

Después de analizar los puntos más sobresalientes de la novela cervantina en que la influencia romancesca es evidente, se llega a la conclusión de que los romances hispánicos ejercieron una influencia vital y extraordinariamente notoria en la concepción y elaboración del *Quijote*. El autor ha dejado constancia de dicha influencia a través

---

[36] *Ibid.*, 195. Ver también páginas 64 y 65 del Capítulo II.

[37] *Ibid.*, 194b-195a. Ver páginas 65 y 66 del citado Capítulo II.

[38] *Ibid.*, 198. Romance número 352.

[39] Ver páginas 83 y 84 del Capítulo II de este libro.

de su obra maestra en los pasajes de mayor importancia. La relación del *Ingenioso hidalgo don Quijote de la Mancha* con el romancero resulta tan obvia que le sería imposible al autor ocultar las fuentes a que recurre en busca de temas de todo género –aún en el caso improbable de que así lo intentara.

No sería mucho aventurar, al finalizar estas conclusiones, el afirmar categóricamente, que sin la influencia del romancero hispánico el *Quijote* sería una obra totalmente diferente. Tan diferente que parece probada la tesis del *Entremés de los romances* como bosquejo inicial de la novela cervantina.

ANEXO "A"

ÍNDICE DE CITAS ROMANCESCAS EN EL *QUIJOTE*

PARTE PRIMERA

I, Prólogo:

–Lo primero en que reparáis de los sonetos, epigramas ó elogios que os faltan para el principio, y que sean de personajes graves y de título, se puede remediar en que vos mismo toméis algún trabajo en hacerlos, y después los podéis bautizar y poner el nombre que quisiéredes, ahijándolos al Preste Juan de las Indias ó al emperador de Trapisonda, de quien yo sé que hay noticia que fueron famosos poetas; y cuando no lo hayan sido y hubiere algunos pedantes y bachilleres que por detrás os muerdan y murmuren desta verdad, no se os dé dos maravedís; porque ya que os averigüen la mentira, no os han de cortar la mano con que lo escribistes (I, Prólogo; I, 15-16).

I, Versos Preliminares:

[Urganda la desconocida]

De un noble hidalgo manche-
Contarás las aventu-
Á quien ociosas letu-
Trastornaron la cabe-
Damas, armas, caballe-,
Le provocaron de mo-,
Que, cual Orlando furio-

Templado á lo enamora-,
Alcanzó á fuerza de bra-
Á Dulcinea del Tobo-.

No indiscretos hieroglí-
Estampes en el escu-;
Que cuando es todo figu-,
Con ruines puntos se envi-,
Si en la dirección te humi-,
No dirá mofante algu-:
"¡Qué don Álvaro de Lu-,
Qué Aníbal el de Carta-,
Qué Rey Francisco de Espa-
Se queja de la fortu-!"

(I; I, 30-31)

Amadís de Gaula á don Quijote de la Mancha

Tú, que imitaste la llorosa vida
Que tuve ausente y desdeñado sobre
El gran ribazo de la Peña Pobre,
De alegre á penitencia reducida,

Tú, á quien los ojos dieron la bebida
De abundante licor, aunque salobre,
Y alzándote la plata, estaño y cobre,
Te dió la tierra en tierra la comida.

Vive seguro de que eternamente,
En tanto, al menos, que en la cuarta esfera
Sus caballos aguije el rubio Apolo,

Tendrás claro renombre de valiente;
Tu patria será en todas la primera;
Tu sabio autor, al mundo único y solo.

(I; I, 35)

La señora Oriana á Dulcinea del Toboso

¡Oh, quién tuviera, hermosa Dulcinea,
Por más comodidad y más reposo,
Á Miraflores puesto en el Toboso,
Y trocara sus Londres con tu aldea!

¡Oh, quién de tus deseos y librea
Alma y cuerpo adornara, y del famoso
Caballero que hiciste venturoso
Mirara alguna desigual pelea!

¡Oh, quién tan castamente se escapara
Del señor Amadís como tú hiciste
Del comedido hidalgo don Quijote!

Que así envidiada fuera, y no envidiara,
Y fuera alegre el tiempo que fué triste,
Y gozara los gustos sin escote.

(I; I, 36-37)

[Del Donoso, poeta entreverado, á Sancho Panza y Rocinante]

Á Rocinante

Soy Rocinante el famo-,
Biznieto del gran Babie-;
Por pecados de falque-
Fuí a poder de un don Quijo-,
Parejas corrí á lo flo-;
Mas por uña de caba-
No se me escapó ceba-;
Que esto saqué á Lazari-
Cuando, para hurtar el vi-
Al ciego, le di la pa-

(I; I, 40-41)

Orlando Furioso á don Quijote de la Mancha

Soneto

Si no eres par, tampoco le has tenido;
Que par pudieras ser entre mil pares;
Ni puede haberle donde tú te hallares,
Invicto vencedor, jamás vencido.

Orlando soy, Quijote, que, perdido
Por Angélica, vi remotos mares,
Ofreciendo á la Fama en sus altares
Aquel valor que respetó el olvido.

No puedo ser tu igual, que este decoro
Se debe á tus proezas y á tu fama,
Puesto que, como yo, perdiste el seso.

Mas serlo has mío, si al soberbio Moro
Y Cita fiero domas, que hoy nos llama
Iguales en amor con mal suceso.

(I; I, 41)

El caballero del Febo á don Quijote de la Mancha

Soneto

A vuestra espada no igualó la mía,
Febo español, curioso cortesano,
Ni á la alta gloria de valor mi mano
Que rayo fué do nace y muere el día.

Imperios desprecié: la monarquía
Que me ofreció el Oriente rojo en vano
Dejé, por ver el rostro soberano
De Claridiana, aurora hermosa mía.

Améla por milagro único y raro,
Y, ausente en su desgracia, el propio infierno
Temió mi brazo, que domó su rabia.

Mas vos, godo Quijote, ilustre y claro,
Por Dulcinea sois al mundo eterno,
Y ella, por vos, famosa, honesta y sabia.

(I; I, 42)

I, Capítulo 1:

No estaba muy bien con las heridas que Belianís daba y recebía, porque se imaginaba que, por grandes maestros que le hubiesen curado, no dejaría de tener el rostro y todo el cuerpo lleno de cicatrices y señales. Pero, con todo, alababa en su autor aquel acabar su libro con la promesa de aquella inacabable aventura, y muchas veces le vino deseo de tomar la pluma y dalle fin al pie de la letra, como allí se promete, y sin duda alguna lo hiciera, y aun saliera con ello, si otros mayores y continuos pensamientos no se lo estorbaran. Tuvo muchas veces competencia con el cura de su lugar (que era hombre docto, graduado en Sigüenza), sobre cuál había sido mejor caballero: Palmerín de Inglaterra, ó Amadís de Gaula, mas maese Nicolás, barbero del mismo pueblo, decía que ninguno llegaba al Caballero del Febo, y que si alguno se le podía comparar era D. Galaor, hermano de Amadís de Gaula, porque tenía muy acomodada condición para todo; que no era caballero melindroso, ni tan llorón como su hermano, y que en lo de la valentía no le iba en zaga.

(I, 1; I, 55-56)

Decía él que el Cid Ruy Díaz había sido muy buen caballero; pero que no tenía que ver con el Caballero de la Ardiente Espada, que de solo un revés había partido por medio dos fieros y descomunales gigantes. Mejor estaba con Bernardo del Carpio, porque en Roncesvalles había muerto á Roldán el encantado, valiéndose de la industria de Hércules, cuando ahogó á Anteo, el hijo de la Tierra, entre los brazos. Decía mucho bien del gigante Morgante, porque, con ser de aquella generación gigantea, que todos son soberbios y descomedidos, él solo era afable y bien criado. Pero, sobre todos, estaba bien con Reynaldos de Montalbán, y más cuando le veía salir de su castillo y robar cuantos topaba, y cuando en allende robó aquel ídolo de Mahoma que era todo de oro, según dice su historia. Diera él por dar una mano de coces al traidor de Galalón, al ama que tenía, y aun á su sobrina de añadidura.

En efeto, rematado ya su juicio, vino á dar en el más extraño pensamiento que jamás dió loco en el mundo, y fué que le pareció convenible y necesario, así para el aumento de su honra como para el servicio de su república, hacerse caballero andante, y irse por todo el mundo con sus armas y caballo a buscar las aventuras y á ejercitarse en todo aquello que él había leído que los caballeros andantes se ejercitaban, deshaciendo todo género de agravios, y poniéndose en ocasiones y peligros donde, acabándolos, cobrase eterno nombre y fama. Imaginábase el pobre ya coronado por el valor de su brazo, por lo menos, del imperio de Trapisonda; y así, con estos tan agradables pensamientos, llevado del extraño gusto que en ellos sentía, se dió priesa á poner en efeto lo que deseaba.

(I, 1; I, 57-59)

Fué luego á ver su rocín, y aunque tenía más cuartos que un real y más tachas que el caballo de Gonela, que *tantum pellis et ossa fuit,* le pareció que ni el Bucéfalo de Alejandro ni Babieca el del Cid con él se igualaban. Cuatro días se le pasaron en imaginar qué nombre le pondría; porque (según se decía él á sí mesmo) no era razón que caballo de caballero tan famoso, y tan bueno él por sí, estuviese sin nombre conocido; y ansí, procuraba acomodársele de manera, que declarase quién había sido antes que fuese caballero andante, y lo que era entonces; pues estaba muy puesto en razón que, mudando su señor estado, mudase él también el nombre, y le cobrase famoso y de estruendo, como convenía á la nueva orden y al nuevo ejercicio que ya profesaba; y así, después de muchos nombres que formó, borró y quitó, añadió, deshizo y tornó á hacer en su memoria é imaginación, al fín le vino á llamar *Rocinante,* nombre, á su parecer, alto, sonoro y significativo de lo que había sido cuando fué rocín, antes de lo que ahora era, que era antes y primero de todos los rocines del mundo.

(I, 1; I, 61-62)

I, Capítulo 2:

–Si vuestra merced, señor caballero, busca posada, amén del lecho (porque en esta venta no hay ninguno), todo lo demás se hallará en ella en mucha abundancia.

Viendo don Quijote la humildad del alcaide de la fortaleza, que tal le pareció á él el ventero y la venta, respondió:

–Para mí, señor castellano, cualquiera cosa basta, porque mis arreos son las armas, mi descanso el pelear, etc.

(I, 2; I, 80-81)

Miróle el ventero, y no le pareció tan bueno como don Quijote decía, ni aun la mitad; y acomodándole en la caballeriza, volvió á ver lo que su huésped mandaba, al cual estaban desarmando las doncellas, que ya se habían reconciliado con él; las cuales, aunque le habían quitado el peto y el espaldar, jamás supieron ni pudieron desencajarle la gola, ni quitalle la contrahecha celada, que traía atada con unas cintas verdes, y era menester cortarlas, por no poderse quitar los ñudos; mas él no lo quiso consentir en ninguna manera, y así, se quedó toda aquella noche con la celada puesta, que era la más graciosa y extraña figura que se pudiera pensar; y al desarmarle, como él se imaginaba que aquellas traídas y llevadas que le desarmaban eran algunas principales señoras y damas de aquel castillo, les dijo con mucho donaire:

–Nunca fuera caballero
De damas tan bien servido
Como fuera don Quijote
Cuando de su aldea vino:
Doncellas curaban dél;
Princesas, del su rocino.

Ó Rocinante; que éste es el nombre, señoras mías, de mi caballo, y don Quijote de la Mancha el mío; que, puesto que no quisiera decubrirme fasta que las fazañas fechas en vuestro servicio y pro me descubrieran, la fuerza de acomodar al propósito presente este romance viejo de Lanzarote ha sido causa que sepáis mi nombre antes de toda sazón; pero tiempo vendrá en que las vuestras señorías me manden y yo obedezca, y el valor de mi brazo descubra el deseo que tengo de serviros.

(I, 2; I, 83-85)

I, Capítulo 5:

Viendo, pues, que, en efeto, no podía menearse, acordó de acogerse á su ordinario remedio, que era pensar en algún paso de sus libros, y trújole su locura á la memoria aquel de Valdovinos y del Marqués de Mantua, cuando Carloto le dejó en la montiña, historia sabida de los niños, no ignorada de los mozos, celebrada y aun creída de los viejos, y, con todo esto, no más verdadera que los milagros de Mahoma. Ésta, pues, le pareció á él que le venía de molde para el paso en que se hallaba; y así, con muestras de grande sentimiento, se comenzó á volcar por la tierra, y a decir con debilitado aliento lo mesmo que dicen decía el herido caballero del bosque:

–¿Dónde estás, señora mía,
Que no te duele mi mal?
Ó no lo sabes, señora,
Ó eres falsa y desleal.

Y desta manera fué prosiguiendo el romance, hasta aquellos versos que dicen:

¡Oh noble Marqués de Mantua,
Mi tío y señor carnal!

Y quiso la suerte que, cuando llegó á este verso, acertó á pasar por allí un labrador de su mesmo lugar y vecino suyo, que venía de llevar una carga de trigo al molino; el cual, viendo aquel hombre allí tendido, se llegó á él y le preguntó que quién era y qué mal sentía, que tan tristemente se quejaba. Don Quijote creyó, sin duda, que aquél era el Marqués de Mantua, su tío, y así, no le respondió otra cosa sino fué proseguir en su romance, donde le daba cuenta de su desgracia y de los amores del hijo del Emperante con su esposa, todo de la misma manera que el romance lo canta.

El labrador estaba admirado oyendo aquellos disparates; y quitándole la visera, que ya estaba hecha pedazos, de los palos, le limpió el rostro, que le tenía cubierto de polvo, y apenas le hubo limpiado, cuando le conoció y le dijo:

–Señor Quijana –que así se debía de llamar cuando él tenía juicio y no había pasado de hidalgo sosegado á caballero andante–, ¿quién ha puesto á vuestra merced de esta suerte?

Pero él seguía con su romance á cuanto le preguntaba. Viendo esto el buen hombre, lo mejor que pudo le quitó el peto y el espaldar, para ver si tenía alguna herida; pero no vió sangre ni señal alguna. Procuró levantarle del suelo, y no con poco trabajo le subió sobre su jumento, por parecer caballería más sosegada. Recogió las armas, hasta las astillas de la lanza, y liólas sobre Rocinante, al cual tomó de la rienda, y del cabestro al asno, y se encaminó hacia su pueblo, bien pensativo de oir los disparates que don Quijote decía; y no menos iba don Quijote, que, de puro molido y quebrantado, no se podía tener sobre el borrico, y de cuando en cuando daba unos suspiros, que los ponía en el cielo; de modo, que de nuevo obligó á que el labrador preguntase le dijese qué mal sentía; y no parece sino que el diablo le traía a la memoria los cuentos acomodados á sus sucesos; porque en aquel punto, olvidándose de Valdovinos, se acordó del moro Abindarráez, cuando el Alcaide de Antequera, Rodrigo de Narváez, le prendió y llevó cautivo á su alcaidía. De suerte que cuando el labrador le volvió a preguntar que cómo estaba y qué sentía, le respondió las mesmas palabras y razones que el cautivo abencerraje respondía a Rodrigo de Narváez, del mesmo modo que él había leído la historia en la *Diana* de Jorge Montemayor, donde se escribe; aprovechándose della tan á propósito, que el labrador se iba dando al diablo, de oir tanta máquina de necedades; por donde conoció que su vecino estaba loco, y dábase priesa á llegar al pueblo, por excusar el enfado que don Quijote le causaba con la larga arenga. Al cabo de la cual dijo:

–Sepa vuestra merced, señor don Rodrigo de Narváez, que esta hermosa Jarifa que he dicho es ahora la linda Dulcinea del Toboso, por quien yo he hecho, hago y haré los más famosos hechos de caballerías que se han visto, vean ni verán en el mundo.

A esto respondió el labrador:

–Mire vuestra merced, señor, pecador de mí, que yo no soy don Rodrigo de Narváez, ni el Marqués de Mantua, sino Pedro Alonso, su vecino; ni vuestra merced es Valdovinos, ni Abindarráez, sino el honrado hidalgo del señor Quijana.

–Yo sé quién soy –respondió don Quijote–, y sé que puedo ser, no sólo los que he dicho, sino todos los doce Pares de Francia, y aun todos los nueve de la Fama, pues á todas las hazañas que ellos todos juntos y cada uno por sí hicieron se aventajarán las mías.

(I, 5; I, 133-139)

Todo esto estaban oyendo el labrador y don Quijote, con que acabó de entender el labrador la enfermedad de su vecino, comenzó á decir á voces:

–Abran vuestras mercedes al señor Valdovinos y al señor Marqués de Mantua, que viene mal ferido, y al señor moro Abindarraéz, que trae cautivo el valeroso Rodrigo de Narváez, alcaide de Antequera.

(I, 5; I, 142-143)

I, Capítulo 6:

Y el primero que maese Nicolás le dió en las manos fué *Los cuatro de Amadís de Gaula,* y dijo el Cura:

–Parece cosa de misterio ésta; porque, según he oído decir, esta libro fué el primero de caballerías que se imprimió en España, y todos los demás han tomado principio y origen déste; y así, me parece que, como á dogmatizador de una secta tan mala, le debemos, sin excusa alguna, condenar al fuego.

–No, señor –dijo el Barbero–; que también he oído decir que es el mejor de todos los libros que de este género se han compuesto; y así, como á único en su arte, se debe perdonar.

(I, 6; I, 149-150)

Tomando el Barbero otro libro, dijo:

–Éste es *Espejo de caballerías.*

–Ya conozco á su merced –dijo el Cura–. Ahí anda el señor Reinaldos de Montalbán con sus amigos y compañeros, más ladrones que Caco, y los doce Pares, con el verdadero historiador Turpín; y en verdad que estoy por condenarlos no más que á destierro perpetuo, siquiera porque tienen parte de la invención del famoso Mateo Boyardo, en donde también tejió su tela el cristiano poeta Ludovico Ariosto; al cual, si aquí le hallo, y que habla en otra lengua que la suya, no le guardaré respeto alguno; pero si habla en su idioma, le pondré sobre mi cabeza.

–Pues yo le tengo en italiano –dijo el Barbero–; mas no le entiendo.

–Ni aun fuera bien que vos le entendiérades –respondió el Cura–; y aquí le perdonáramos al señor Capitán que no le hubiera traído á España y hecho castellano; que le quitó mucho de su natural valor; y lo mesmo harán todos aquellos que los libros de verso quisieren volver en otra lengua; que, por mucho cuidado que pongan y habilidad que muestren, jamás llegarán al punto que ellos tienen en su primer nacimiento. Digo, en efeto, que este libro, y todos los que se hallaren que tratan destas cosas de Francia, se echen y depositen en un pozo seco, hasta que con más acuerdo se vea lo que se ha de hacer dellos, ecetuando á un *Bernardo del Carpio* que anda por ahí, y á otro llamado *Roncesvalles;* que éstos en llegando á mis manos, han de estar en las del Ama, y dellas en las del fuego, sin remisión alguna.

(I, 6; I, 154-157)

I, Capítulo 7:

Por cierto, señor arzobispo Turpín, que es gran mengua de los que nos llamamos doce Pares dejar tan sin más ni más llevar la vitoria deste torneo á los caballeros cortesanos, habiendo nosotros los aventureros ganado el prez en los tres días antecedentes.

–Calle vuestra merced, señor compadre –dijo el Cura–; que Dios será servido que la suerte se mude y que lo que hoy se pierde se gane mañana, y atienda vuestra merced á su salud por agora; que me parece que debe de estar demasiadamente cansado, si ya no es que está malferido.

–Ferido no –dijo don Quijote–; pero molido y quebrantado, no hay duda de ello; porque aquel bastardo de don Roldán me ha molido á palos con el tronco de una encina, y todo, de envidia, porque ve que yo sólo soy el opuesto de sus valentías. Mas no me llamaría yo Reinaldos de Montalbán si, en levantándome deste lecho, no me la pagare, a pesar de todos sus encantamientos; y, por agora, tráiganme de yantar, que sé que es lo que más me hará al caso, y quédese lo del vengarme á mi cargo.

(I, 7; I, 174-175)

I, Capítulo 8:

–Yo me acuerdo haber leído que un caballero español llamado Diego Pérez de Vargas, habiéndosele en una batalla roto la espada, desgajó de una encina un pesado ramo ó tronco, y con él hizo tales cosas aquel día, y machacó tantos moros, que le quedó por sobrenombre Machuca, y así él como sus descendientes se llamaron desde aquel día en adelante Vargas y Machuca.

(I, 8; I, 194)

I, Capítulo 10:

–Todo eso fuera bien excusado –respondió don Quijote– si a mí se me acordara de hacer una redoma del bálsamo de Fierabrás; que con sola una gota se ahorraran tiempo y medicinas.

(I, 10; I, 234)

Mas cuando don Quijote llegó á ver su celada, pensó perder el juicio, y, puesta la mano en la espada y alzando los ojos al cielo, dijo:

–Yo hago juramento al Criador de todas las cosas y á los santos cuatro Evangelios, donde más largamente están escritos, de hacer la vida que hizo el grande Marqués de Mantua cuando juró de vengar la muerte de su sobrino Valdovinos, que fué de no comer pan á manteles, ni con su mujer folgar, y otras cosas que, aunque dellas no me acuerdo, las doy aquí por expresadas, hasta tomar entera venganza del que tal desaguisado me fizo.

(I, 10; I, 236-238)

Y no pienses, Sancho, que así á humo de pajas hago esto; que bien tengo á quien imitar en ello: que esto mesmo pasó, al pie de la letra, sobre el yelmo de Mambrino, que tan caro le costó á Sacripante.

–Que dé al diablo vuestra merced tales juramentos, señor mío –replicó Sancho–; que son muy en daño de la salud y muy en perjuicio de la conciencia. Si no, dígame ahora: si acaso en muchos días no topamos hombre armado con celada, ¿qué hemos de hacer? ¿Hase de cumplir el juramento, á despecho de tantos inconvenientes e incomodidades, como será el dormir vestido, y el no dormir en poblado, y otras mil penitencias que contenía el juramento de aquel loco viejo del Marqués de Mantua, que vuestra merced quiere revalidar ahora?

–Engáñaste en eso –dijo don Quijote–; porque no habremos estado dos horas por estas encrucijadas, cuando veamos más armados que los que vinieron sobre Albraca, á la conquista de Angélica la Bella.

(I, 10; I, 239-240)

I, Capítulo 13:

Mas apenas comenzó á descubrirse el día por los balcones del Oriente, cuando los cinco de los seis cabreros se levantaron y fueron á despertar á don Quijote, y á decille si estaba todavía con propósito de ir á ver el famoso entierro de Grisóstomo, que ellos le harían compañía.

(I, 13; I, 281-282)

–¿No han vuestras mercedes leído –respondió don Quijote– los anales é historias de Inglaterra, donde se tratan las famosas fazañas del rey Arturo, que continuamente en nuestro romance castellano llamamos el rey Artús, de quien es tradición antigua y común en todo aquel reino de la Gran Bretaña que este Rey no murió, sino que, por arte de encantamento, se convirtió en cuervo, y que, andando los tiempos, ha de volver á reinar y á cobrar su reino y cetro; á cuya causa no se probará que desde aquel tiempo á éste haya ningún inglés muerto cuervo alguno? Pues en tiempo de este buen rey fué instituída aquella famosa orden de caballería de los caballeros de la Tabla Redonda, y pasaron, sin faltar un punto, los amores que allí se cuentan de don Lanzarote del Lago con la reina Ginebra, siendo medianera dellos y sabidora aquella tan honrada dueña Quintañona, de donde nació aquel tan sabido romance, y tan decantado en nuestra España, de

Nunca fuera caballero
De damas tan bien servido
Como fuera Lanzarote
Cuando de Bretaña vino,

con aquel progreso tan dulce y tan suave de sus amorosos y fuertes fechos. Pues desde entonces, de mano en mano, fué aquella orden de caballería extendiéndose y dilatándose por muchas y diversas partes del mundo, y en ella fueron famosos y conocidos por sus fechos el valiente Amadís de Gaula, con todos sus hijos y nietos, hasta la quinta generación, y el valeroso Felixmarte de Hircania, y el nunca como se debe alabado Tirante el Blanco, y casi que en nuestros días vimos y comunicamos y oímos al invencible y valeroso caballero don Belianís de Grecia.

(I, 13; I, 284-288)

Y no se me replique en esto, si no fuere con las condiciones que puso Cervino al pie del trofeo de las armas de Orlando, que decía:

Nadie las mueva
Que estar no pueda con Roldán á prueba.

(I, 13; I, 298)

I, Capítulo 14:

–¿Vienes a ver, por ventura, ¡oh fiero basilisco destas montañas!, si con tu presencia vierten sangre las heridas deste miserable á quien tu crueldad quitó la vida, ó vienes á ufanarte en las crueles hazañas de tu condición, ó á ver desde esa altura, como otro despiadado Nero, el incendio de su abrasada Roma, ó á pisar arrogante este desdichado cadáver, como la ingrata hija al de su padre Tarquino?

(I, 14; I, 317-318)

I, Capítulo 15:

–Querría, si fuese posible –respondió Sancho Panza–, que vuestra merced me diese dos tragos de aquella bebida del feo Blas, si es que la tiene vuestra merced ahí á mano: quizá será de provecho para los quebrantamientos de huesos, como lo es para las feridas.

(I, 15; II, 13)

Y pudiérate contar agora, si el dolor me diera lugar, de algunos que sólo por el valor de su brazo han subido á los altos grados que he contado, y estos mesmos se vieron antes y después en diversas calamidades y miserias: porque el valeroso Amadís de Gaula se vió en poder de su mortal enemigo Arcalaus el encantador, de quien se tiene por averiguado que le dió, teniéndole preso, más de doscientos azotes con las riendas de su caballo, atado á una coluna de un patio. Y aun hay autor secreto, y de no poco crédito, que dice que, habiendo cogido al Caballero del Febo con una cierta trampa, que se le hundió debajo de los pies, en un cierto castillo, y al caer, se halló en una honda sima debajo de tierra, atado de pies y manos, y allí le echaron una destas que llaman melecinas, de agua de nieve y arena, de lo que llegó muy al cabo; y si no fuera socorrido en aquella gran cuita de un sabio grande amigo suyo, lo pasara muy mal el pobre caballero.

(I, 15; II, 19-20)

–No me dieron á mí lugar –respondió Sancho– á que mirase en tanto; porque apenas puse mano á mi tizona, cuando me santiguaron los hombros con sus pinos, de manera, que me quitaron la vista de los ojos y la fuerza de los pies, dando conmigo adonde ahora yago, y adonde no me da pena alguna el pensar si fué afrenta, ó no, lo de los estacazos, como me la da el dolor de los golpes, que me han de quedar tan impresos en la memoria como en las espaldas.

(I, 15; II, 20-21)

–Eso es –dijo don Quijote– cuando no pueden más, ó cuando están enamorados; y es tan verdad esto, que ha habido caballero que se ha estado sobre una peña, al sol, y á la sombra, y á las inclemencias del cielo, dos años, sin que lo supiese su señora. Y uno déstos fué Amadís, cuando, llamándose Beltenebros, se alojó en la Peña Pobre, ni sé si ocho años ó ocho meses; que no estoy muy bien en la cuenta: basta que él estuvo allí haciendo penitencia, por no sé qué sinsabor que le hizo la señora Oriana.

(I, 15; II, 24-26)

I, Capítulo 16:

Esta maravillosa quietud y los pensamientos que siempre nuestro caballero traía de los sucesos que á cada paso se cuentan en los libros autores de su desgracia, le trujo á la imaginación una de las extrañas locuras que buenamente imaginarse pueden; y fué que él se imaginó haber llegado á un famoso castillo (que, como se ha dicho, castillos eran á su parecer todas las ventas donde alojaba), y que la hija del ventero lo era del señor del castillo, la cual, vencida de su gentileza, se había enamorado dél y prometido que aquella noche, á furto de sus padres, vendría á yacer con él una buena pieza; y teniendo toda esta quimera, que él se había fabricado, por firme y valedera, se comenzó á acuitar y á pensar en el peligroso trance en que su honestidad se había de ver, y propuso en su corazón de no cometer alevosía á su señora Dulcinea del Toboso, aunque la mesma reina Ginebra con su dama Quintañona se le pusiesen delante.

(I, 16; II, 39-40)

I, Capítulo 17:

Había ya vuelto en este tiempo de su parasismo don Quijote, y con el mesmo tono de voz con que el día antes había llamado á su escudero, cuando estaba tendido en el val de las estacas, le comenzó á llamar, diciendo:

–Sancho amigo, ¿duermes? ¿Duermes, amigo Sancho?

(I, 17; II, 49)

Levántate, Sancho, si puedes, y llama al alcaide desta fortaleza, y procura que se me dé un poco de aceite, vino, sal y romero para hacer el salutífero bálsamo; que en verdad que creo que lo he bien menester ahora, porque se me va mucha sangre de la herida que esta fantasma me ha dado.

(I, 17; II, 56)

Hecho esto, quiso él mesmo hacer luego la experiencia de la virtud de aquel precioso bálsamo que él se imaginaba, y así, se bebió de la que no pudo caber en la alcuza y quedaba en la olla donde se había cocido, casi media azumbre; y apenas lo acabó de beber, cuando comenzó á vomitar, de manera, que no le quedó cosa en el estómago; y con las ansias y agitación del vómito le dió un sudor copiosísimo, por lo cual mandó que le arropasen y le dejasen solo. Hiciéronlo ansí y quedóse dormido más de tres horas, al cabo de las cuales despertó, y se sintió aliviadísimo del cuerpo, y en tal manera mejor de su quebrantamiento, que se tuvo por sano, y verdaderamente creyó que había acertado con el bálsamo de Fierabrás y que con aquel remedio podía acometer desde allí adelante, sin temor alguno, cualesquiera ruinas, batallas y pendencias, por peligrosas que fuesen.

Sancho Panza, que también tuvo á milagro la mejoría de su amo, le rogó que le diese a él lo que quedaba en la olla, que no era poca cantidad. Concedióselo don Quijote, y él, tomándola á dos manos, con buena fe y mejor talante, se la echó á pechos, y envasó bien poco menos que su amo. Es, pues, el caso que el estómago del pobre Sancho no debía de ser tan delicado como el de su amo, y así, primero que vomitase le dieron tantas ansias y bascas, con tantos trasudores y desmayos, que él pensó bien y verdaderamente que era llegada su última hora; y viéndose tan afligido y congojado, maldecía el bálsamo y al ladrón que se lo había dado. Viéndole así don Quijote, le dijo:

–Yo creo, Sancho, que todo este mal te viene de no ser armado caballero; porque tengo para mí que este licor no debe de aprovechar á los que no lo son.

(I, 17; II, 57-58)

Quiso el ventero atrancar bien la puerta así como le vió fuera; mas no lo consintieron los manteadores, que era gente que, aunque don Quijote fuera verdaderamente de los caballeros andantes de la Tabla Redonda, no le estimaran en dos ardites.

(I, 17; II, 69-70)

I, Capítulo 19:

–Paréceme, señor mío, que todas estas desventuras que estos días nos han sucedido, sin duda alguna han sido pena del pecado cometido por vuestra merced contra la orden de su caballería, no habiendo cumplido el juramento que hizo de no comer pan á manteles no con la reina folgar, con todo aquello que á esto se sigue y vuestra merced juró de cumplir, hasta quitar aquel almete de Malandrino, ó como se llama el moro, que no me acuerdo bien.

(I, 19; II, 101-102)

Y cuando eso así fuese, en la memoria tengo lo que le pasó al Cid Rui Díaz, cuando quebró la silla del embajador de aquel rey delante de su Santidad del Papa, por lo cual lo descomulgó, y anduvo aquel día el buen Rodrigo de Vivar como muy honrado y valiente caballero.

(I, 19; II, 119-120)

I, Capítulo 20:

–Sancho amigo, has de saber que yo nací, por querer del cielo, en esta nuestra edad de hierro, para resucitar en ella la de oro, ó la dorada, como suele llamarse. Yo soy aquel para quien están guardados los peligros, las grandes hazañas, los valerosos hechos. Yo soy, digo otra vez, quien ha de resucitar los de la Tabla Redonda, los Doce de Francia, y los Nueve de la Fama, y el que ha de poner en olvido los Platires, los Tablantes, Olivantes y Tirantes, los Febos y Belianises, con toda la caterva de los famosos caballeros andantes del pasado tiempo, haciendo en este en que me hallo tales grandezas, extrañezas y fechos de armas, que escurezcan las más claras que ellos ficieron.

(I, 20; II, 128-129)

I, Capítulo 21:

[Que trata de la alta aventura y rica ganancia del yelmo de Mambrino, con otras cosas sucedidas á nuestro invencible caballero.]

Digo esto porque, si no me engaño, hacia nosotros viene uno que trae en su cabeza puesto el yelmo de Mambrino, sobre que yo hice el juramento que sabes.

(I, 21; II, [161]-163)

–Pues ése es el yelmo de Mambrino –dijo don Quijote–. Apártate á una parte y déjame con él á solas; verás cuán sin hablar palabra, por ahorrar del tiempo, concluyo esta aventura, y queda por mío el yelmo que tanto he deseado.

(I, 21; II, 164)

I, Capítulo 25:

[Que trata de las extrañas cosas que en Sierra Morena sucedieron al valiente caballero de la Mancha, y de la imitación que hizo a la penitencia de Beltenebros.]

Y porque no es bien que te tenga más suspenso, esperando en lo que han de parar mis razones, quiero, Sancho, que sepas que el famoso Amadís de Gaula fué uno de los más perfectos caballeros andantes. No he dicho bien *fué uno:* fué el solo, el primero, el único, el señor de todos cuantos hubo en su tiempo en el mundo.

(I, 25; II, [281]-288)

Desta mesma suerte, Amadís fué el norte, el lucero, el sol de los valientes y enamorados caballeros, á quien debemos de imitar todos aquellos que debajo de la bandera de amor y de la caballería militamos. Siendo, pues, esto ansí, como lo es, hallo yo, Sancho amigo, que el caballero andante que más le imitare estará más cerca de alcanzar la perfección de la caballería. Y una de las cosas en que más este caballero mostró su prudencia, valor, valentía, sufrimiento, firmeza y amor, fue cuando se retiró, desdeñado de la señora Oriana, á hacer penitencia en la Peña Pobre, mudado su nombre en el de Beltenebros, nombre, por cierto, significativo y propio para la vida que él de su voluntad había escogido.

(I, 25; II, 289)

–¿Ya no te he dicho –respondió don Quijote– que quiero imitar á Amadís, haciendo aquí del desesperado, del sandio y del furioso, por imitar justamente al valiente don Roldán, cuando halló en una fuente las señales de que Angélica la Bella había cometido vileza con Medoro; de cuya pesadumbre se volvió loco, y arrancó los árboles, enturbió las aguas de las claras fuentes, mató pastores, destruyó ganados, abrasó chozas, derribó casas, arrastró yeguas, y hizo otras cien mil insolencias, dignas de eterno nombre y escritura? Y, puesto que yo no pienso imitar á Roldán, ó Orlando, ó Rotolando (que todos estos tres nombres tenía), parte por parte, en todas las locuras que hizo, dijo y pensó, haré el bosquejo, como mejor pudiere, en las que me pareciere más esenciales. Y podrá ser que viniese á contentarme con sola la imitación de Amadís, que sin hacer locuras de daño, sino de lloros y sentimientos, alcanzó tanta fama como el que más.

(I, 25; II, 290-291)

Pero dime, Sancho, ¿traes bien guardado el yelmo de Mambrino, que ya vi que le alzaste del suelo cuando aquel desagradecido le quiso hacer pedazos?

(I, 25; II, 292)

Porque quien oyere decir á vuestra merced que una bacía de barbero es el yelmo de Mambrino, y que no salga deste error en más de cuatro días, ¿qué ha de pensar sino que quien tal dice y afirma debe de tener güero el juicio?

(I, 25; II, 293)

Y no porque sea ello ansí, sino porque andan entre nosotros siempre una caterva de encantadores que todas nuestras cosas mudan y truecan, y las vuelven según su gusto, y según tienen la gana de favorecernos ó destruirnos; y así, eso que á ti te parece bacía de barbero me parece á mí el yelmo de Mambrino, y á otro le parecerá otra cosa. Y fué rara providencia del sabio que es de mi parte hacer que parezca bacía á todos lo que real y verdaderamente es yelmo de Mambrino, á causa que, siendo él de tanta estima, todo el mundo me perseguiría por quitármele; pero como ven que no es más de un bacín de barbero, no se curan de procuralle, como se mostró bien en el que quiso rompelle y le dejó en el suelo sin llevarle; que á fe que si le conociera, que nunca él le dejara. Guárdale, amigo, que por ahora no le he menester; que antes me tengo de quitar todas estas armas, y quedar desnudo como cuando nací, si es que me da en voluntad de seguir en mi penitencia más á Roldán que á Amadís.

(I, 25; II, 294-295)

Y diciendo esto, se apeó de Rocinante, y en un momento le quitó el freno y la silla; y dándole una palmada en las ancas, le dijo:

–Libertad te da el que sin ella queda, ¡oh caballo tan extremado por tus obras cuan desdichado por tu suerte! Vete por do quisieres; que en la frente llevas escrito que no te igualó en ligereza el Hipogrifo de Astolfo, ni el nombrado Frontino, que tan caro le costó á Bradamente.

(I, 25; II, 297)

I, Capítulo 26:

Y volviendo á contar lo que hizo el de la Triste Figura después que se vió solo, dice la historia que así como don Quijote acabó de dar las tumbas y vueltas de medio abajo desnudo y de medio arriba vestido, y que vió que Sancho se había ido sin querer aguardar á ver más sandeces, se subió sobre una punta de una alta peña, y allí tornó á pensar lo que otras muchas veces había pensado, sin haberse jamás resuelto en ello; y era que cuál sería mejor y le estaría más á cuento: imitar á Roldán en las locuras desaforadas que hizo, ó á Amadís en las malencónicas; y hablando entre sí mesmo, decía: "Si Roldán fué tan buen caballero y tan valiente como todos dicen, ¿qué maravilla, pues, al fín, era encantado, y no le podía matar nadie si no era metiéndole un alfiler de á blanca por la punta del pie, y él traía siempre los zapatos con siete suelas de hierro? Aunque no le valieron tretas contra Bernardo del Carpio, que se las entendió, y le ahogó entre los brazos en Roncesvalles. Pero dejando en él lo de la valentía á una parte, vengamos á lo de perder el juicio, que es cierto que le perdió, por las señales que halló en la fontana y por las nuevas que le dió el pastor de que Angélica había dormido más de dos siestas con Medoro, un morillo de cabellos enrizados y paje de Agramante; y si él entendió que esto era verdad y que su dama le había cometido desaguisado, no hizo mucho en volverse loco; pero yo, ¿cómo puedo imitalle en las locuras, si no le imito en la ocasión dellas? Porque mi Dulcinea del Toboso osaré yo jurar que no ha visto en todos los días de su vida moro alguno, ansí como él es, en su mismo traje, y que se está hoy como la madre que la parió; y haríale agravio manifiesto, si, imaginando otra cosa della, me volviese loco de aquel género de locura de Roldán el furioso. Por otra parte, veo que Amadís de Gaula, sin perder el juicio y sin hacer locuras, alcanzó tanta fama de enamorado como el que más; porque lo que hizo, según su historia, no fué más de que, por verse desdeñado de su señora Oriana, que le había mandado que no pareciese ante su presencia hasta que fuese su voluntad, se retiró á la Peña Pobre, en compañía de un ermitaño, y allí se hartó de llorar y de encomendarse á Dios, hasta que el cielo le acorrió, en medio de su mayor cuita y necesidad. Y si esto es verdad, como lo es, ¿para qué quiero yo tomar trabajo agora de desnudarme del todo, ni dar pesadumbre á estos árboles, que no me han hecho mal alguno, ni tengo para qué enturbiar el agua clara destos arroyos, los cuales me han de dar de beber cuando tenga gana? Viva la memoria de Amadís, y sea imitado de don Quijote de la Mancha en todo lo que pudiere; del cual se dirá lo que del otro se dijo: que si no acabó grandes cosas, murió por acometellas; y si yo no soy desechado ni desdeñado de Dulcinea del Toboso, básteme, como ya he dicho, estar ausente della. Ea, pues, manos á la obra: venid á mi memoria, cosas de Amadís, y enseñadme por dónde tengo de comenzar á imitaros. Mas ya sé que lo más que él hizo fué rezar y encomendarse á Dios; pero ¿qué haré de rosario, que no lo tengo?

(I, 26; II, 323-327)

I, Capítulo 27:

Cayeron luego el ventero y la ventera en que el loco era su huésped el del bálsamo y el amo del manteado escudero, y contaron al Cura todo lo que con él les había pasado, sin callar lo que tanto callaba Sancho. En resolución, la ventera vistió al Cura de modo que no había más que ver: púsole una saya de paño, llena de fajas de tercipelo negro de un palmo en ancho, todas acuchilladas, y unos corpiños de terciopelo verde guarnecidos con unos ribetes de raso blanco, que se debieron de hacer, ellos y la saya, en tiempo del rey Wamba.

(I, 27; III, 8)

¡Oh Mario ambicioso, oh Catilina cruel, oh Sila facinoroso, oh Galalón embustero, oh Vellido traidor, oh Julián vengativo, oh Judas codicioso!

(I, 27; III, 21)

I, Capítulo 28:

–En esta Andalucía hay un lugar de quien toma título un duque, que le hace uno de los que llaman grandes en España; éste tiene dos hijos: el mayor, heredero de su estado y, al parecer, de sus buenas costumbres, y el menor no sé yo de qué sea heredero, sino de las traiciones de Vellido y de los embustes de Galalón.

(I, 28; III, 52-53)

I, Capítulo 30:

Y esto dijo afirmándose en los estribos y calándose el morrión; porque la bacía de barbero, que á su cuenta era el yelmo de Mambrino, llevaba colgada del arzón delantero, hasta adobarla del mal tratamiento que la hicieron los galeotes.

(I, 30; III, 106)

I, Capítulo 31:

–Ella no me preguntó nada –dijo Sancho–; mas yo le dije de la manera que vuestra merced, por su servicio quedaba haciendo penitencia, desnudo de la cintura arriba, metido entre estas sierras como si fuera salvaje, durmiendo en el suelo, sin comer pan á manteles ni sin peinarse la barba, llorando, y maldiciendo su fortuna.

(I, 31; III, 133)

I, Capítulo 32:

Y entrando en su aposento, sacó dél una maletilla vieja, cerrada con una cadenilla, y, abriéndola, halló en ella tres libros grandes y unos papeles de muy buena letra, escritos de mano. El primer libro que abrió vió que era *Don Cirongilio de Tracia;* y el otro, de *Félixmarte de Hircania;* y el otro, la historia del Gran Capitán Gonzalo Hernández de Córdoba, con la vida de Diego García de Paredes.

(I, 32; III, 158-159)

–Así es –replicó el ventero–. Mas si alguno quiere quemar, sea ése del Gran Capitán y dese Diego García; que antes dejaré quemar un hijo que dejar quemar ninguno desotros.

–Hermano mío –dijo el Cura–, estos dos libros son mentirosos y están llenos de disparates y devaneos, y éste del Gran Capitán es historia verdadera y tiene los hechos de Gonzalo Hernández de Córdoba, el cual, por sus muchas y grandes hazañas, mereció ser llamado de todo el mundo *Gran Capitán,* renombre famoso y claro, y dél solo merecido; y este Diego García de Pardes fué un principal caballero, natural de la ciudad de Trujillo, en Extremadura, valentísimo soldado, y de tantas fuerzas naturales, que detenía con un dedo una rueda de molino en la mitad de su furia; y, puesto con un montante en la entrada de una puente, detuvo á todo un innumerable ejército, que no pasase por ella; y hizo otras tales cosas, que si como él las cuenta, y las escribe él asimismo, con la modestia de caballero y de coronista propio, las escribiera otro libre y desapasionado, pusieran en olvido las de los Hétores, Aquiles y Roldanes.

(I, 32; III, 160-161)

Y cuando llegaron allá abajo, se halló en unos palacios y en unos jardines tan lindos, que era maravilla; y luego la sierpe se volvió en un viejo anciano, que le dijo tantas de cosas, que no hay más que oir. Calle, señor; que si oyese esto, se volvería loco de placer. ¡Dos higas para el Gran Capitán y para ese Diego García que dice!

(I, 32; III, 162-163)

I, Capítulo 33:

Así que no excusarás con el secreto tu dolor; antes tendrás que llorar contino, si no lágrimas de los ojos, lágrimas de sangre del corazón, como las lloraba aquel simple doctor que nuestro poeta nos cuenta que hizo la prueba del vaso, que, con mejor discurso, se excusó de hacerla el prudente Reinaldos; que puesto que aquello sea ficción poética, tiene en sí encerrados secretos morales dignos de ser advertidos, y entendidos, é imitados.

(I, 33; III, 188-189)

I, Capítulo 35:

Dícese que, aunque se vió viuda, no quiso salir del monesterio, ni menos, hacer profesión de monja, hasta que, no de allí á muchos días, le vinieron nuevas que Lotario había muerto en una batalla que en aquel tiempo dió monsiur de Lautrec al Gran Capitán Gonzalo Fernández de Córdoba en el reino de Nápoles, donde había ido á parar el tarde arrepentido amigo; lo cual sabido de Camila, hizo profesión, y acabó en breves días la vida, á las rigurosas manos de tristezas y melancolías.

(I, 35; III, 276-277)

I, Capítulo 37:

Dióle de vestir Sancho, y en el entretanto que se vestía contó el Cura á don Fernando y á los demás las locuras de don Quijote, y del artificio que habían usado para sacarle de la Peña Pobre, donde él se imaginaba estar, por desdenes de su señora.

(I, 37; III, 305)

Salió, en esto, don Quijote, armado de todos sus pertrechos, con el yelmo, aunque abollado, de Mambrino en la cabeza, embrazado de su rodela y arrimado á su tronco ó lanzón.

(I, 37; III, 307)

I, Capítulo 41:

Volvímosle boca abajo; volvió mucha agua; tornó en sí al cabo de dos horas, en las cuales, habiéndose trocado el viento, nos convino volver hacia tierra, y hacer fuerza de remos, por no embestir en ella; mas quiso nuestra buena suerte que llegamos á una cala que se hace al lado de un pequeño promontorio ó cabo que de los moros es llamado el de *la Cava Rumia,* que en nuestra lengua quiere decir *la mala mujer cristiana;* y es tradición entre los moros que en aquel lugar está enterrada la Cava, por quien se perdió España, porque *cava* en su lengua quiere decir *mujer mala,* y *rumia, cristiana;* y aun tienen por mal agüero llegar allí á dar fondo cuando la necesidad les fuerza á ello, porque nunca le dan sin ella; puesto que para nosotros nó fué abrigo de mala mujer, sino puerto seguro de nuestro remedio, según andaba alterada la mar.

(I, 41; IV, 83-84)

I, Capítulo 44:

Ya á esta sazón estaban en paz los huéspedes con el ventero, pues por persuación y buenas razones de don Quijote, más que por amenazas, le habían pagado todo lo que él quiso, y los criados de don Luis aguardaban el fin de la plática del Oidor y la resolución de su amo, cuando el demonio, que no duerme, ordenó que en aquel mesmo punto entró en la venta el barbero á quien don Quijote quitó el yelmo de Mambrino, Sancho Panza los aparejos del asno que trocó con los del suyo; el cual barbero, llevando su jumento á la caballeriza, vió á Sancho Panza que estaba aderezando no sé qué de la albarda, y así como la vió la conoció, y se atrevió á arremeter á Sancho, diciendo:

–¡Ah, don ladrón, que aquí os tengo! ¡Venga mi bacía y mi albarda, con todos mis aparejos que me robastes!

(I, 44; IV, 161-162)

–¡Porque vean vuestras mercedes clara y manifiestamente el error en que está este buen escudero, pues llama bacía á lo que fué, es y será yelmo de Mambrino, el cual se le quité yo en buena guerra, y me hice señor dél con legítima y lícita posesión! En lo del albarda no me entremeto; que lo que en ello sabré decir es que mi escudero Sancho me pidió licencia para quitar los jaeces del caballo deste vencido cobarde, y con ellos adornar el suyo; yo se la di, y él los tomó, y de haberse convertido de jaez en albarda no sabré dar otra razón sino es la ordinaria: que como esas transformaciones se ven en los sucesos de la caballería; para confirmación de lo cual, corre, Sancho hijo, y saca aquí el yelmo que este buen hombre dice ser bacía.

–¡Pardiez, señor –dijo Sancho–, si no tenemos otra prueba de nuestra intención que la que vuestra merced dice, tan bacía es el yelmo de Malino como el jaez deste buen hombre albarda!

(I, 44; IV, 165-166)

I, Capítulo 45:

Pero el que más se desesperaba era el barbero, cuya bacía allí delante de sus ojos se le había vuelto en yelmo de Mambrino, y cuya albarda pensaba sin duda alguna que se le había de volver en jaez rico de caballo.

(I, 45; IV, 174)

Y en la mitad deste caos, máquina y laberinto de cosas, se le representó en la memoria á don Quijote que se veía metido de hoz y de coz en la discordia del campo de Agramante, y así dijo, con voz que atronaba la venta:

–Ténganse todos; todos envainen; todos se sosieguen; óiganme todos, si todos quieren quedar con vida.

Á cuya gran voz todos se pararon, y él prosiguió, diciendo:

–¿No os dije yo, señores, que este castillo era encantado, y que alguna legión de demonios debe de habitar en él? En confirmación de lo cual quiero que veáis por vuestros ojos como se ha pasado aquí y trasladado entre nosotros la discordia del campo de Agramante. Mirad cómo allí se pelea por la espada, aquí por el caballo, acullá por el águila, acá por el yelmo, y todos peleamos, y todos no nos entendemos. Venga, pues, vuestra merced, señor Oidor, y vuestra merced, señor Cura, y el uno sirva de rey Agramante, y el otro de rey Sobrino, y póngannos en paz; porque por Dios Todopoderoso que es gran bellaquería que tanta gente principal como aquí estamos se mate por causas tan livianas.

(I, 45; IV, 180-181)

Desta manera se apaciguó aquella máquina de pendencias, por la autoridad de Agramante y prudencia del rey Sobrino; pero viéndose el enemigo de la concordia y el émulo de la paz menospreciado y burlado, y el poco fruto que había granjeado de haberlos puesto á todos en tan confuso laberinto, acordó de probar otra vez la mano, resucitando nuevas pendencias y desasosiegos.

(I, 45; IV, 183-184)

I, Capítulo 46:

Finalmente, ellos, como miembros de justicia, mediaron la causa y fueron árbitros della, de tal modo, que ambas partes quedaron, si no del todo contentas, á lo menos, en algo satisfechas, porque se trocaron las albardas, y no las cinchas y jáquimas; y en lo que tocaba á lo del yelmo de Mambrino, el Cura, á socapa y sin que don Quijote lo entendiese, le dió por la bacía ocho reales; y el barbero le hizo una cédula del recibo y de no llamarse á engaño por entonces, ni por siempre jamás, amén.

(I, 46; IV, 190-191)

Todo lo apaciguó el Cura, y lo pagó don Fernando, puesto que el Oidor, de muy buena voluntad, había también ofrecido la paga; y de tal manera quedaron todos en paz y sosiego, que ya no parecía la venta la discordia del campo de Agramante, como don Quijote había dicho, sino la misma paz y quietud del tiempo de Otaviano; de todo lo cual fué común opinión que se debían dar las gracias á la buena intención y mucha elocuencia del señor Cura y á la incomparable liberalidad de don Fernando.

(I, 46; IV, 192)

I, Capítulo 47:

¿Qué ingenio, si no es del todo bárbaro é inculto, podrá contentarse leyendo que una gran torre llena de caballeros va por la mar adelante, como nave con próspero viento, y hoy anochece en Lombardía, y mañana amanezca en tierras del Preste Juan de las Indias, ó en otras que ni las descubrió Tolomeo, ni las vió Marco Polo?

(I, 47; IV, 231)

I, Capítulo 48:

Y si es que la imitación es lo principal que ha de tener la comedia, ¿cómo es posible que satisfaga á ningún mediano entendimiento que, fingiendo una acción que pasa en el tiempo del rey Pepino y Carlomagno, al mismo que en ella hace la persona principal le atribuyan que fué el emperador Heraclio, que entró con la Cruz en Jerusalén, y el que ganó la Casa Santa, como Godofre de Bullón, habiendo infinitos años de lo uno á lo otro; y fundándose la comedia sobre cosa fingida, atribuirle verdades de historia y mezclarle pedazos de otras sucedidas á diferentes personas y tiempos, y esto, no con trazas verisímiles, sino con patentes errores, de todo punto inexcusables?

(I, 48; IV, 242-243)

I, Capítulo 49:

Y ¿cómo es posible que haya entendimiento humano que se dé á entender que ha habido en el mundo aquella infinidad de Amadises, y aquella turbamulta de tanto famoso caballero, tanto Emperador de Trapisonda, tanto Felixmarte de Hircania, tanto palafrén, tanta doncella andante, tantas sierpes, tantos endriagos, tantos gigantes, tantas inauditas aventuras, tanto género de encantamentos, tantas batallas, tantos desaforados encuentros, tanta bizarría de trajes, tantas princesas enamoradas, tantos escuderos condes, tantos enanos graciosos, tanto billete, tanto requiebro, tantas mujeres valientes, y, finalmente, tantos y tan disparatados casos como los libros de caballerías contienen?

(I, 49; IV, 261-262)

Un Viriato tuvo Lusitania, un César Roma, un Aníbal Cartago, un Alejandro Grecia, un Conde Fernán González Castilla, un Cid Valencia, un Gonzalo Fernández Andalucía, un Diego García de Paredes Extremadura, un Garci Pérez de Vargas Jerez, un Garcilaso Toledo, un don Manuel de León Sevilla, cuya leción de sus valerosos hechos puede entretener, enseñar, deleitar y admirar á los más altos ingenios que las leyeren. Ésta si será letura digna del buen entendimiento de vuestra merced, señor don Quijote mío, de la cual saldrá erudito en la historia, enamorado de la virtud, enseñado en la bondad, mejorado en las costumbres, valiente sin temeridad, osado sin cobardía, y todo esto, para honra de Dios, provecho suyo y fama de la Mancha, do, según he sabido, trae vuestra merced su principio y origen.

(I, 49; IV, 263-264)

–Pues yo –replicó don Quijote– hallo por mi cuenta que el sin juicio y el encantado es vuestra merced, pues se ha puesto á decir tantas blasfemias contra una cosa tan recebida en el mundo, y tenida por tan verdadera, que el que la negase, como vuestra merced la niega, merecía la mesma pena que vuestra merced dice que da á los libros cuando los lee y le enfadan. Porque querer dar á entender á nadie que Amadís no fué en el mundo, ni todos los otros caballeros aventureros de que están colmadas las historias, será querer persuadir que el sol no alumbra, ni el yelo enfría, ni la tierra sustenta; porque ¿qué ingenio puede haber en el mundo que pueda persuadir á otro que no fué verdad lo de la infanta Floripes y Guy de Borgoña, y lo de Fierabrás con la puente de Mantible, que sucedió en el tiempo de Carlo Magno, que voto á tal que es tanta verdad como es ahora de día? Y si es mentira, también lo debe de ser que no hubo Héctor, ni Aquiles, ni la guerra de Troya, ni los doce Pares de Francia, ni el rey Artús de Inglaterra, que anda hasta ahora convertido en cuervo, y le esperan en su reino por momentos. Y también se atreverán á decir que es mentirosa la historia de Guarino Mezquino, y la de la demanda del Santo Grial, y que son apócrifos los amores de don Tristán y la reina Iseo, como los de Ginebra y Lanzarote, habiendo personas que casi se acuerdan de haber visto á la dueña Quintañona, que fué la mejor escanciadora de vino que tuvo la Gran Bretaña. Y es esto tan ansí, que me acuerdo yo que me decía una mi agüela de partes de mi padre, cuando veía alguno dueña con tocas reverendas: "Aquella, nieto, se parece á la dueña Quintañona".

(I, 49; IV, 265-267)

Pues ¿quién podrá negar no ser verdadera la historia de Pierres y la linda Magalona, pues aun hasta hoy día se vee en la armería de los Reyes la clavija con que volvía al caballo de madera sobre quien iba el valiente Pierres por los aires, que es un poco mayor que un timón de carreta? Y junto á la clavija está la silla de Babieca, y en Roncesvalles está el cuerno de Roldán, tamaño como una grande viga: de donde se infiere que hubo doce Pares, que hubo Pierres, que hubo Cides, y otros caballeros semejantes, déstos que dicen las gentes que a sus aventuras van.

(I, 49; IV, 268)

–No puedo yo negar, señor don Quijote, que no sea verdad algo de lo que vuestra merced ha dicho, especialmente en lo que toca á los caballeros andantes españoles; y asimesmo quiero conceder que hubo doce Pares de Francia; pero no quiero creer que hicieron todas aquellas cosas que el Arzobispo Turpín dellos escribe; porque la verdad dello es que fueron caballeros escogidos por los reyes de Francia, á quien llamaron pares por ser todos iguales en valor, en calidad y en valentía; a lo menos, si no lo eran, era razón que lo fuesen, y era como una religión de las que ahora se usan de Santiago ó de Calatrava, que se presupone que los que la profesan han de ser, ó deben ser, caballeros valerosos, valientes y bien nacidos; y como ahora dicen caballero de *San Juan,* ó de *Alcántara,* decían en aquel tiempo *caballero de los doce Pares,* porque fueron doce iguales los que para esta religión militar se escogieron. En lo de que hubo Cid no hay duda, ni menos Bernardo del Carpio; pero de que hicieron las hazañas que dicen creo que la hay muy grande. En lo otro de la clavija que vuestra merced dice del Conde Pierres, y que está junto á la silla de Babieca en la armería de los Reyes, confieso mi pecado; que soy tan ignorante, ó tan corto de vista, que, aunque he visto la silla, no he echado de ver la clavija, y más siendo tan grande como vuestra merced ha dicho.

(I, 49; IV, 271-272)

I, Capítulo 51:

No había tierra en todo el orbe que no hubiese visto, ni batalla donde no se hubiese hallado; había muerto más moros que tiene Marruecos y Túnez, y entrado en más singulares desafíos, según él decía, que Gante y Luna, Diego García de Paredes y otros mil que nombraba; y de todos había salido con vitoria, sin que le hubiesen derramado una sola gota de sangre.

(I, 51; IV, 297)

I, Capítulo 52:

LOS ACADÉMICOS DE LA ARGAMASILLA,
LUGAR DE LA MANCHA, EN VIDA Y MUERTE DEL VALEROSO
DON QUIJOTE DE LA MANCHA
HOC SCRIPSERUNT

El Monicongo, académico de la Argamasilla,
á la sepultura de don Quijote

EPITAFIO

El calvatrueno que adornó á la Mancha
De más despojos que Jasón de Creta,
El juicio que tuvo la veleta
Aguda donde fuera mejor ancha,

El brazo que su fuerza tanto ensancha,
Que llegó del Catay hasta Gaeta,
La musa más horrenda y más discreta
Que grabó versos en broncínea plancha,

El que á cola dejó los Amadises,
Y en muy poquito á Galaores tuvo,
Estribando en su amor y bizarría,

El que hizo callar los Belianises,
Aquel que en Rocinante errando anduvo,
Yace debajo desta losa fría.

(I, 52; IV, 327-329)

Del Caprichoso, discretísimo académico
de la Argamasilla, en loor de Rocinante, caballo de
don Quijote de la Mancha

SONETO

En el soberbio trono diamantino
Que con sangrientas plantas huella Marte,
Frenético el Manchego su estandarte
Tremola con esfuerzo peregrino.

Cuelga las armas y el acero fino
Con que destroza, asuela, raja y parte:
¡Nuevas proezas! pero inventa el arte
Un nuevo estilo al nuevo paladino.

Y si de su Amadís se precia Gaula,
Por cuyos bravos descendientes Grecia
Triunfó mil veces y su fama ensancha,

Hoy á Quijote le corona el aula
Do Belona preside, y dél se precia,
Más que Grecia ni Gaula, la alta Mancha.

Nunca sus glorias el olvido mancha,
Pues hasta Rocinante, en ser gallardo,
Excede á Brilladoro y á Bayardo.

(I, 52; IV, 330)

PARTE SEGUNDA

II, Capítulo 1:

Si no, díganme: ¿quién más honesto y más valiente que el famoso Amadís de Gaula? ¿Quién más discreto que Palmerín de Inglaterra? ¿Quién más acomodado y manual que Tirante el Blanco? ¿Quién más galán que Lisuarte de Grecia? ¿Quién más acuchillado ni acuchillador que don Belianís? ¿Quién más intrépido que Perión de Gaula, ó quien más acometedor de peligros que Félixmarte de Hircania, ó quién más sincero que Esplandián? ¿Quién más arrojado que don Cirongilio de Tracia? ¿Quién más bravo que Rodamonte? ¿Quién más prudente que el rey Sobrino? ¿Quién más atrevido que Reinaldos? ¿Quién más invencible que Roldán? Y ¿quién más gallardo y más cortés que Rugero, de quien decienden hoy los duques de Ferrara, según Turpín en su *Cosmografía*?

(II, 1; V, 41-42)

El cual, gustando de oírle decir tan grandes disparates, le preguntó que qué sentía acerca de los rostros de Reinaldos de Montalbán y de don Roldán, y de los demás doce Pares de Francia, pues todos habían sido caballeros andantes.

–De Reinaldos –respondió don Quijote– me atrevo á decir que era ancho de rostro, de color bermejo, los ojos bailadores y algo saltados, puntoso y colérico en demasía, amigo de ladrones y de gente perdida. De Roldán, ó Rotolando, ó Orlando, que con todos estos nombres le nombran las historias, soy de parecer y me afirmo que fué de mediana estatura, ancho de espaldas, algo estevado, moreno de rostro y barbitaheño, velloso en el cuerpo y de vista amenazadora, corto de razones, pero muy comedido y bien criado.

Si no fué Roldán más gentilhombre que vuesa merced ha dicho –replicó el Cura–, no fué maravilla que la señora Angélica la Bella le desdañase y dejase por la gala, brío y donaire que debía de tener el morillo barbiponiente á quien ella se entregó; y anduvo discreta de adamar antes la blandura de Medoro que la aspereza de Roldán.

–Esa Angélica –respondió don Quijote–, señor Cura, fué una doncella destraída, andariega y algo antojadiza, y tan lleno dejó el mundo de sus impertinencias como de la fama de su hermosura: despreció mil señores, mil valientes y mil discretos, y contentóse con un pajecillo barbilucio, sin otra hacienda ni nombre que el que le pudo dar de agradecido la amistad que guardó á su amigo.

(II, 1; V, 46-48)

–Bien creo yo –respondió don Quijote– que si Sacripante ó Roldán fueran poetas, que ya me hubieran jabonado á la doncella; porque es propio y natural de los poetas desdeñados y no admitidos de sus damas, fingidas ó no fingidas, en efeto de aquellas á quien ellos escogieron por señoras de sus pensamientos, vengarse con sátiras y libelos, venganza, por cierto, indigna de pechos generosos; pero hasta agora no ha llegado á mi noticia ningún verso infamatorio contra la señora Angélica, que trujo revuelto el mundo.

(II, 1; V, 49)

II, Capítulo 4:

–Eso es cosa fácil, y no acontecimiento nuevo; que lo mesmo le sucedió á Sacripante cuando, estando en el cerco de Albraca, con esa misma invención le sacó el caballo de entre las piernas aquel famoso ladrón llamado Brunelo.

(II, 2; V, 86)

II, Capítulo 5:

Ven acá, mentacata é ignorante (que así te puedo llamar, pues no entiendes mis razones y vas huyendo de la dicha): si yo dijera que mi hija se arrojara de una torre abajo, ó que se fuera por esos mundos, como se quiso ir la infanta doña Urraca, tenías razón de no venir con mi gusto; pero si en dos paletas, y en menos de un abrir y cerrar de ojos, te la chanto un *don* y una *señoría* á cuestas, y te la saco de los rastrojos, y te la pongo en toldo y en peana, y en un estrado de más almohadas de velludo que tuvieron moros en su linaje los Almohadas de Marruecos, ¿por qué no has de consentir y querer lo que yo quiero?

(II, 5; V, 108-109)

II, Capítulo 8:

Quiero decir –dijo Sancho– que nos demos á ser santos, y alcanzaremos más brevemente la buena fama que pretendemos; y advierta, señor, que ayer ó antes de ayer (que según ha poco, se puede decir desta manera) canonizaron ó beatificaron dos frailecitos descalzos, cuyas cadenas de hierro con que ceñían y atormentaban sus cuerpos se tiene ahora á gran ventura el besarlas y tocarlas, y están en más veneración que está, según dije, la espada de Roldán en la armería del Rey nuestro señor, que Dios guarde.

(II, 8: V, 159)

II, Capítulo 9:

Media noche era por filo, poco más o menos, cuando don Quijote y Sancho dejaron el monte y entraron en el Toboso.

(II, 9; V, 163)

Estando los dos en estas pláticas, vieron que venía a pasar por donde estaban uno con dos mulas, que por el ruido que hacía el arado, que arrastraba por el suelo, juzgaron que debía de ser labrador, que habría madrugado antes del día á ir á su labranza, y así fué la verdad. Venía el labrador cantando aquel romance que dice:

Mala la hubistes, franceses,
En esa de Roncesvalles,

–Que me maten, Sancho –dijo en oyéndole don Quijote–, si nos ha de suceder cosa buena esta noche. ¿No oyes lo que viene cantando ese villano?

–Sí oigo –respondío Sancho–; pero ¿qué hace á nuestro propósito la caza de Roncesvalles? Así pudiera cantar el romance de Calaínos; que todo fuera uno para sucedernos bien ó mal en nuestro negocio.

(II, 9; V, 169-170)

II, Capítulo 10:

En verdad que tendrían mucha razón, cuando no considerasen que soy mandado, y que

Mensajero sois, amigo
Non merecéis culpa, non.

(II, 10; V, 180)

II, Capítulo 12:

Por esto se dijo:

No hay amigo para amigo:
Las cañas se vuelven lanzas;

II, 12; V, 221)

II, Capítulo 16:

–Esta figura que vuesa merced en mí ha visto, por ser tan nueva y tan fuera de las que comúnmente se usan, no me maravillaría yo de que le hubiese maravillado; pero dejará vuesa merced de estarlo cuando le diga, como le digo, que soy caballero

Destos que dicen las gentes
Que á sus aventuras van.

(II, 16; V, 283-284)

II, Capítulo 18:

Cuatro días estuvo don Quijote regaladísimo en la casa de don Diego, al cabo de los cuales le pidió licencia para irse, diciéndole que le agradecía la merced y buen tratamiento que en su casa había recibido; pero que por no parecer bien que los caballeros andantes se den muchas horas al ocio y al regalo, se quería ir á cumplir con su oficio, buscando las aventuras, de quien tenía noticia que aquella tierra abundaba; donde esperaba entretener el tiempo hasta que llegase el día de las justas de Zaragoza, que era el de su derecha derrota; y que primero había de entrar en la cueva de Montesinos, de quien tantas y tan admirables cosas en aquellos contornos se contaban, sabiendo é inquiriendo asimismo el nacimiento y verdaderos manantiales de las siete lagunas llamadas comúnmente de Ruidera.

(II, 18; V, 339-340)

II, Capítulo 20:

Sobre un buen tiro de barra ó sobre una gentil treta de espada no dan un cuartillo de vino en la taberna. Habilidades y gracias que no son vendibles, mas que las tenga el conde Dirlos; pero cuando las tales gracias caen sobre quien tiene buen dinero, tal sea mi vida como ellas parecen.

(II, 20; VI, 30)

II, Capítulo 22:

Donde se da cuenta de la grande aventura de la cueva de Montesinos, que está en el corazón de la Mancha, á quien dió felice cima el valeroso Don Quijote de la Mancha.

Grandes fueron y muchos los regalos que los desposados hicieron á don Quijote, obligados de las muestras que había dado defendiendo su causa, y al par de la valentía le graduaron la discreción, teniéndole por un Cid en las armas y por un Cicerón en la elocuencia.

(II, 22; VI, 69)

Pidió don Quijote al diestro licenciado le diese una guía que le encaminase á la cueva de Montesinos, porque tenía gran deseo de entrar en ella y ver á ojos vistas si eran verdaderas las maravillas que de ella se decían por todos aquellos contornos. El licenciado le dijo que le daría á un primo suyo, famoso estudiante y muy aficionado á leer libros de caballerías, el cual con mucha voluntad le pondría á la boca de la mesma cueva, y le enseñaría las lagunas de Ruidera, famosas ansimismo en toda la Mancha, y aun en toda

España; y díjole que llevaría con él gustoso entretenimiento, á causa que era mozo que sabía hacer libros para imprimir, y para dirigirlos á príncipes. Finalmente, el primo vino con una pollina preñada, cuya albarda cubría un gayado tapete ó arpillera. Ensilló Sancho á Rocinante y aderezó al rucio, proveyó sus alforjas, á las cuales acompañaron las del primo, asimismo bien proveídas, y encomendándose á Dios y despediéndose de todos, se pusieron en camino, tomando la derrota de la cueva de Montesinos.

(II, 22; VI, 74-75)

En estas y otras gustosas pláticas se les pasó aquel día, y á la noche se albergaron en una pequeña aldea, adonde el primo dijo á don Quijote que desde allí á la cueva de Montesinos no había más de dos leguas, y que si llevaba determinado de entrar en ella, era menester proveerse de sogas, para atarse y descolgarse en su profundidad. Don Quijote dijo que aunque llegase al abismo, había de ver dónde paraba; y así, compraron casi cien brazas de soga, y otro día á las dos de la tarde llegaron á la cueva, cuya boca es espaciosa y ancha; pero llena de cambroneras y cabrahigos, de zarzas y malezas, tan espesas y intrincadas, que de todo en todo la ciegan y encubren.

(II, 22; VI, 80)

–Ata y calla –respondió don Quijote–; que tal empresa como aquésta, Sancho amigo, para mí estaba guardada.

(II, 22; VI, 81)

–Dios os lo perdone, amigos; que me habéis quitado de la más sabrosa y agradable vida y vista que ningún humano ha visto ni pasado. En efecto, ahora acabo de conocer que todos los contentos desta vida pasan como sombra y sueño, ó se merchitan como la flor del campo. ¡Oh desdichado Montesinos! ¡Oh mal ferido Durandarte! ¡Oh sin ventura Belerma! ¡Oh lloroso Guadiana, y vosotras sin dicha hijas de Ruidera, que mostráis en vuestras aguas las que lloraron vuestros hermosos ojos!

(II, 22; VI, 86)

II, Capítulo 23:

De las admirables cosas que el extremado Don Quijote contó que había visto en la profunda cueva de Montesinos, cuya imposibilidad y grandeza hace que se tenga esta aventura por apócrifa.

Las cuatro de la tarde serían, cuando el sol, entre nubes cubierto, con luz escasa y templados rayos, dió lugar á don Quijote para que sin calor y pesadumbre contase á sus dos clarísimos oyentes lo que en la cueva de Montesinos había visto, ...

(II, 23; VI, 89)

Ofrecióseme luego á la vista un real y suntuoso palacio o alcázar, cuyos muros y paredes parecían de transparente y claro cristal fabricados; del cual abriéndose dos grandes puertas, vi que por ellas salía y hacia mí se venía un venerable anciano, vestido con un capuz de bayeta morada, que por el suelo le arrastraba; ceñíale los hombros y los pechos una beca de colegial, de raso verde; cubríale la cabeza una gorra milanesa negra, y la barba, canísima, le pasaba de la cintura; no traía arma ninguna, sino un rosario de cuentas en la mano, mayores que medianas nueces, y los dieces asimismo como huevos medianos de avestruz; el continente, el paso, la gravedad y la anchísima presencia, cada cosa de por sí y todas juntas, me suspendieron y admiraron. Llegóse á mí, y lo primero que hizo fué abrazarme estrechamente, y luego decirme: "–Luengos tiempos ha, valeroso caballero don Quijote de la Mancha, que los que estamos en estas soledades encantados esperamos verte, para que des noticia al mundo de lo que encierra y cubre la profunda cueva por donde has entrado, llamada la cueva de Montesinos: hazaña sólo guardada para ser acometida de tu invencible corazón y de tu ánimo estupendo. Ven conmigo, señor clarísimo; que te quiero mostrar las maravillas que este transparente alcázar solapa, de quien yo soy alcaide y guarda mayor perpetua, porque soy el mismo Montesinos, de quien la cueva toma nombre." Apenas me dijo que era Montesinos, cuando le pregunté si fué verdad lo que en el mundo de acá arriba se contaba, que él había sacado de la mitad del pecho, con una pequeña daga, el corazón de su grande amigo Durandarte y llevádole á la señora Belerma, como él se lo mandó al punto de su muerte. Respondióme que en todo decían verdad, sino en la daga, porque no fué daga, ni pequeña, sino un puñal buído, más agudo que una lezna.

–Debía de ser –dijo á este punto Sancho– el tal puñal de Ramón de Hoces, el Sevillano.

–No sé –prosiguió don Quijote–; pero no sería dese puñalero, porque Ramón de Hoces fué ayer, y lo de Roncesvalles, donde aconteció esta desgracia, ha muchos años; y esta averiguación no es de importancia, ni turba ni altera la verdad y contexto de la historia.

–Así es –respondió el primo–: prosiga vuesa merced, señor don Quijote; que le escucho con el mayor gusto del mundo.

–No con menor lo cuento yo –respondió don Quijote–; y así, digo que el venerable Montesinos me metió en el cristalino palacio, donde en una sala baja, fresquísima sobremodo y toda de alabastro, estaba un sepulcro de mármol, con gran maestría fabricado, sobre el cual vi á un caballero tendido de largo á largo, no de bronce, ni de mármol, ni de jaspe hecho, como los suele haber en otros sepulcros, sino de pura carne y de puros huesos. Tenía la mano derecha (que á mi parecer es algo peluda y nervosa, señal de tener muchas fuerzas su dueño) puesta sobre el lado del corazón; y antes que preguntase nada á Montesinos, viéndome suspenso mirando al del sepulcro, me dijo: "–Éste es mi amigo Durandarte, flor y espejo de los caballeros enamorados y valientes de su tiempo; tiénele aquí encantado, como me tiene á mí y á otros muchos y muchas, Merlín, aquel francés encantador que dicen que fué hijo del diablo; y lo que yo creo es que no fué hijo del diablo, sino que supo, como dicen, un punto más que el diablo. El cómo á para qué nos encantó nadie lo sabe, y ello dirá andando los tiempos, que no están muy lejos, según imagino. Lo que á mí me admira es que sé, tan cierto como ahora es de día, que Durandarte acabó los de su vida en mis brazos, y que después de muerto le saqué el corazón con mis propias manos; y en verdad que debía de pesar dos libras, porque, según los naturales, el que tiene mayor corazón es dotado de mayor valentía del que le tiene pequeño. Pues siendo esto así, y que realmente murió este caballero, ¿cómo ahora se queja y sospira de cuando en cuando, como si estuviese vivo?" Esto dicho, el mísero Durandarte, dando una gran voz, dijo:

"–¡Oh, mi primo Montesinos!
Lo postrero que os rogaba,
Que cuando yo fuere muerto,
Y mi ánima arrancada,
Que llevéis mi corazón
Adonde Belerma estaba,
Sacándomele del pecho,
Ya con puñal, ya con daga."

Oyendo lo cual el venerable Montesinos, se puso de rodillas ante el lastimado caballero, y, con lágrimas en los ojos, le dijo: "–Ya, señor Durandarte, carísimo primo mío, ya hice lo que me mandastes en el aciago día de nuestra pérdida: yo os saqué el corazón lo mejor que pude, sin que os dejase una mínima parte en el pecho; yo le limpié con un pañizuelo de puntas; yo partí con él de carrera para Francia, habiéndoos primero puesto en el seno de la tierra, con tantas lágrimas, que fueron bastantes á lavarme las manos y limpiarme con ellas la sangre que tenían, de haberos andado en las entrañas; y, por más señas, primo de mi alma, en el primero lugar que topé saliendo de Roncesvalles eché un poco de sal en vuestro corazón, porque no oliese mal, y fuese, si no fresco, á lo menos, amojamado, á la presencia de la señora Belerma; á la cual, con vos, y conmigo, y con

Guadiana vuestro escudero, y con la dueña Ruidera y sus siete hijas y dos sobrinas, y con otros muchos de vuestros conocidos y amigos, nos tiene aquí encantados el sabio Merlín ha muchos años; y aunque pasan de quinientos, no se ha muerto ninguno de nosotros: solamente faltan Ruidera y sus hijas y sobrinas, las cuales llorando, por compasión que debió de tener Merlín dellas, las convirtió en otras tantas lagunas, que ahora, en el mundo de los vivos y en la provincia de la Mancha, las llaman las lagunas de Ruidera; las siete son de los reyes de España, y las dos sobrinas, de los caballeros de una orden santísima, que llaman de San Juan.

(II, 23; VI, 91-98)

Sabed que tenéis aquí en vuestra presencia, y abrid los ojos y veréislo, aquel gran caballero de quien tantas cosas tiene profetizadas el sabio Merlín: aquel don Quijote de la Mancha, digo, que de nuevo y con mayores ventajas que en los pasados siglos ha resucitado en los presentes la ya olvidada andante caballería, por cuyo medio y favor podría ser que nosotros fuésemos desencantados; que las grandes hazañas para los grandes hombres están guardadas." "–Y cuando así no sea –respondió el lastimado Durandarte con voz desmayada y baja–, cuando así no sea ¡oh primo!, digo, paciencia y barajar",

(II, 23; VI, 99)

Díjome Montesinos como toda aquella gente de la procesión eran sirvientes de Durandarte y de Belerma, que allí con sus dos señores estaban encantados, y que la última, que traía el corazón entre el lienzo y en las manos, era la señora Belerma, la cual con sus doncellas cuatro días en la semana hacían aquella procesión y cantaban, o, por mejor decir, lloraban endechas sobre el cuerpo y sobre el lastimado corazón de su primo; y que si me había parecido algo fea, ó no tan hermosa como tenía la fama, era la causa las malas noches y peores días que en aquel encantamento pasaba, como lo podía ver en sus grandes ojeras y en su color quebradiza.

(II, 23; VI, 101-102)

"–Cepos quedos –dije yo entonces–, señor don Montesinos: cuente vuesa merced su historia como debe; que ya sabe que toda comparación es odiosa, y así, no hay para qué comparar á nadie con nadie. La sin par Dulcinea del Toboso es quien es, y la señora doña Belerma es quien es, y quien ha sido, y quédese aquí." Á lo que él me respondió: "–Señor don Quijote, perdóneme vuesa merced; que yo confieso que anduve mal, y no dije bien en decir que apenas igualara la señora Dulcinea á la señora Belerma, pues me bastaba á mí haber entendido, por no sé qué barruntos, que vuesa merced es su caballero, para que me mordiera la lengua antes de compararla sino con el mismo cielo." Con esta satisfacción que me dió el gran Montesinos se quietó mi corazón del sobresalto que recebí en oir que á mi señora la comparaban con Belerma.

(II, 23; VI, 102-103)

–Creo –respondió Sancho– que aquel Merlín ó aquellos encantadores que encantaron á toda la chusma que vuesa merced dice que ha visto y comunicado allá abajo, le encajaron en el magín ó la memoria toda esa máquina que nos ha contado, y todo aquello que por contar le queda.

–Todo eso pudiera ser, Sancho –replicó don Quijote–, pero no es así; porque lo que he contado lo vi por mis propios ojos y lo toqué con mis mismas manos. Pero ¿qué dirás cuando te diga yo ahora como, entre otras infinitas cosas y maravillas que me mostró Montesinos (las cuales despacio y á sus tiempos te las iré contando en el discurso de nuestro viaje, por no ser todas deste lugar), me mostró tres labradoras que por aquellas amenísimos campos iban saltando y brincando como cabras, y apenas las hube visto, cuando conocí ser la una la sin par Dulcinea del Toboso, y las otras dos aquellas mismas labradoras que venían con ella, que hallamos á la salida del Toboso? Pregunté á Montesinos si las conocía; respondióme que no; pero que él imaginaba que debían de ser algunas señoras principales encantadas, que pocos días había que en aquellas prados habían parecido; y que no me maravillase desto, porque allí estaban otras muchas señoras de los pasados y presentes siglos, encantadas en diferentes y extrañas figuras, entre las cuales conocía él á la reina Ginebra y su dueña Quintañona, escanciando el vino á Lanzarote,

Cuando de Bretaña vino.

(II, 23; VI, 105-107)

–En mala coyuntura y en peor sazón y en aciago día bajó vuesa merced, caro patrón mío, al otro mundo, y en mal punto se encontró con el señor Montesinos, que tal nos le ha vuelto. Bien se estaba vuesa merced acá arriba, con su entero juicio, tal cual Dios se le había dado, hablando sentencias y dando consejos á cada paso, y no agora, contando los mayores disparates que pueden imaginarse.

(II, 23; VI, 107)

Quise seguirla, y lo hiciera, si no me aconsejara Montesinos que no me cansase en ello, porque sería en balde, y más, porque se llegaba la hora donde me convenía volver á salir de la sima. Díjome asimesmo que, andando el tiempo, se me daría aviso cómo habían de ser desencantados él, y Belerma, y Durandarte, con todos los que allí estaban; pero lo que más pena me dió de las que allí vi y noté, fué que estándome diciendo Montesinos estas razones, se llegó á mí por un lado, sin que yo la viese venir, una de las dos compañeras de la sin ventura Dulcinea, y llenos los ojos de lágrimas, con turbada y baja voz, me dijo: "–Mi señora Dulcinea del Toboso besa á vuesa merced las manos, y suplica á vuesa merced se la haga de hacerla saber como está; y que, por estar en una gran necesidad, asimismo suplica á vuesa merced cuan encarecidamente puede sea servido de prestarle sobre este faldellín que aquí traigo, de cotonia nuevo, media docena de reales, ó los que vuesa merced tuviere; que ella da su palabra de volvérselos con mucha brevedad." Suspendióme y admiróme el tal recado, y volviéndome al señor Montesinos, le pregunté: "–¿Es posible, señor Montesinos, que los encantados principales padecen necesidad?"

(II, 23; VI, 108-109)

"–Decid, amiga mía, á vuesa señora que á mí me pesa en el alma de sus trabajos, y que quisiera ser un Fúcar para remediarlos; y que le hago saber que yo no puedo ni debo tener salud careciendo de su agradable vista y discreta conversación, y que le suplico cuan encarecidamente puedo sea servida su merced de dejarse ver y tratar deste su cautivo servidor y asendereado caballero. Diréisle también que cuando menos se lo piense oirá decir como yo he hecho un juramento y voto, á modo de aquel que hizo el Marqués de Mantua de vengar á su sobrino Baldovinos, cuando le halló para expirar en mitad de la montiña, que fué de no comer pan á manteles, con las otras zarandajas que allí añadió, hasta vengarle; y así le haré yo de no sosegar, y de andar las siete partidas del mundo, con más puntualidad que las anduvo el infante don Pedro de Portugal, hasta desencantarla."

(II, 23; VI, 110-112)

II, Capítulo 24:

Dice el que tradujo esta grande historia del original, de la que escribió su primer autor Cide Hamete Benengeli, que llegando al capítulo de la aventura de la cueva de Montesinos, en el margen dél estaban escritas de mano del mesmo Hamete estas mismas razones:

"No me puedo dar á entender, ni me puedo persuadir, que al valeroso don Quijote le pasase puntualmente todo lo que en el antecedente capítulo queda escrito: la razón es que todas las aventuras hasta aquí sucedidas han sido contingibles y verisímiles; pero esta de esta cueva no le hallo entrada alguna para tenerla por verdadera, por ir tan fuera de los términos razonables. Pues pensar yo que don Quijote mintiese, siendo el más verdadero hidalgo y el más noble caballero de sus tiempos, no es posible; que no dijera él una mentira si le asaetearan. Por otra parte, considero que él la contó y la dijo con todas las circunstancias dichas, y que no pudo fabricar en tan breve espacio tan gran máquina de disparates; y si esta aventura parece apócrifa, yo no tengo la culpa; y así, sin afirmarla por falsa ó verdadera, la escribo. Tú, letor, pues eres prudente, juzga lo que te pareciere, que yo no debo ni puedo más; puesto que se tiene por cierto que al tiempo de su fin y muerte dicen que se retrató della, y dijo que él la había inventado, por parecerle que convenía y cuadraba bien con las aventuras que había leído en sus historias."

(II, 24; VI, 115-117)

–Yo, señor don Quijote de la Mancha, doy por bien empleadísima la jornada que con vuesa merced he hecho, porque en ella he granjeado cuatro cosas. La primera, haber conocido á vuesa merced, que lo tengo á gran felicidad. La segunda, haber sabido lo que se encierra en esta cueva de Montesinos, con las mutaciones de Guadiana y de las lagunas de Ruidera, que me servirán para el *Ovidio español* que traigo entre manos. La tercera, entender la antigüedad de los naipes, que, por lo menos, ya se usaban en tiempo del emperador Carlomagno, según puede colegirse de las palabras que vuesa merced dice que dijo Durandarte, cuando al cabo de aquel grande espacio que estuvo hablando con él Montesinos, él despertó diciendo: "Paciencia y barajar." Y esta razón y modo de hablar no la pudo aprender encantado, sino cuando no lo estaba, en Francia y en tiempo del referido emperador Carlomagno. Y esta averiguación me viene pintiparada para el otro libro que voy componiendo, que es *Suplemento de Virgilio Polidoro, en la invención de las antigüedades;* y creo que en el suyo no se acordó de poner la de los naipes, como la pondré yo ahora, que será de mucha importancia, y más alegando autor tan grave y tan verdadero como es el señor Durandarte. La cuarta es haber sabido con certidumbre el nacimiento del río Guadiana, hasta ahora ignorado de las gentes.

(II, 24; VI, 117-119)

El paje no aceptó el convite de las ancas, aunque sí el de cenar con él en la venta, y á esta sazón dicen que dijo Sancho entre sí: "¡Válate Dios por señor! Y ¿es posible que hombre que sabe decir tales y tan buenas cosas como aquí ha dicho, diga que ha visto los disparates imposibles que cuenta de la cueva de Montesinos? Ahora bien, ello dirá."

(II, 24; VI, 131)

II, Capítulo 25:

–Señor huésped, ¿hay posada? Que viene aquí el mono adivino y el retablo de la libertad de Melisendra.

(II, 25; VI, 141)

–Éste es un famoso titerero, que ha muchos días que anda por esta Mancha de Aragón enseñando un retablo de la libertad de Melisendra, dada por el famoso don Gaiferos, que es una de las mejores y más bien representadas historias que de muchos años á esta parte en este reino se han visto.

(II, 25; VI, 142-143)

–Con todo eso, querría –dijo Sancho– que vuesa merced dijese á maese Pedro preguntase á su mono si es verdad lo que á vuesa merced le pasó en la cueva de Montesinos; que yo para mí tengo, con perdón de vuesa merced, que todo fué embeleco y mentira, ó, por lo menos, cosas soñadas.

(II, 25; VI, 150)

Estando en esto, llegó maese Pedro á buscar á don Quijote y decirle que ya estaba en orden el retablo; que su merced viniese á verle, porque lo merecía. Don Quijote le comunicó su pensamiento, y le rogó preguntase luego á su mono le dijese si ciertas cosas que había pasado en la cueva de Montesinos habían sido soñadas, ó verdaderas; porque á él le parecía que tenían de todo. Á lo que maese Pedro, sin responder palabra, volvió á traer el mono, y puesto delante de don Quijote y de Sancho, dijo:

–Mirad, señor mono, que este caballero quiere saber si ciertas cosas que le pasaron en una cueva llamada de Montesinos, si fueron falsas, ó verdaderas.

(II, 25; VI, 151)

II, Capítulo 26:

–Esta verdadera historia que aquí á vuesas mercedes se representa es sacada al pie de la letra de las corónicas francesas y de los romances españoles que andan en boca de las gentes, y de los muchachos, por esas calles. Trata de la libertad que dió el señor don Gaiferos á su esposa Melisendra, que estaba cautiva en España, en poder de moros, en la ciudad de Sansueña, que así se llamaba entonces la que hoy se llama Zaragoza; y vean vuesas mercedes allí como está jugando á las tablas don Gaiferos, según aquello que se canta:

Jugando está á las tablas don Gaiferos,
Que ya de Melisendra está olvidado.

Y aquel personaje que allí asoma con corona en la cabeza y ceptro en las manos es el emperador Carlo Magno, padre putativo de la tal Melisendra, el cual, mohino de ver el ocio y descuido de su yerno, le sale á reñir; y adviertan con la vehemencia y ahinco que le riñe, que no parece sino que le quiere dar con el ceptro media docena de coscorrones, y aun hay autores que dicen que se los dió, y muy bien dados; y después de haberle dicho muchas cosas acerca del peligro que corría su honra en no procurar la libertad de su esposa, dicen que le dijo:

–"Harto os he dicho: miradlo."

Miren vuesas mercedes también como el Emperador vuelve las espaldas y deja despachado á don Gaiferos, el cual ya ven como arroja, impaciente de la cólera, lejos de sí el tablero y las tablas, y pide apriesa las armas, y á don Roldán su primo pide prestada su espada Durindana, y como don Roldán no se la quiere prestar, ofreciéndole su compañía en la difícil empresa en que se pone; pero el valeroso enojado no lo quiere aceptar; antes dice que él solo es bastante para sacar á su esposa, si bien estuviese metida en el más hondo centro de la tierra; y con esto, se entra á armar, para ponerse en camino. Vuelvan vuesas mercedes los ojos á aquella torre que allí parece, que se presupone que es una de las torres del alcázar de Zaragoza, que ahora llaman la Aljafería; y aquella dama que en aquel balcón parece, vestida á lo moro, es la sin par Melisendra, que desde allí muchas veces se ponía á mirar el camino de Francia, y puesta la imaginación en París y en su esposo, se consolaba en su cautiverio. Miren también un nuevo caso que ahora sucede, quizá no visto jamás. ¿No veen aquel moro que callandico y pasito á paso, puesto el dedo en la boca, se llega por las espaldas de Melisendra? Pues miren como la da un beso en mitad de los labios, y la priesa que ella se da á escupir, y á limpiárselos con la blanca manga de su camisa, y como se lamenta, y se arranca de pesar sus hermosos cabellos, como si ellos tuvieran la culpa del maleficio. Miren también como aquel grave moro que está en aquellos corredores es el rey Marsilio de Sansueña; el cual, por haber visto la insolencia del moro, puesto que era un pariente y gran privado suyo, le mandó luego prender, y que le den doscientos azotes, llevándole por las calles acostumbradas de la ciudad,

Con chilladores delante
Y envaramiento detrás;

y veis aquí donde salen á ejecutar la sentencia, aun bien apenas no habiendo sido puesta en ejecución la culpa; porque entre moros no hay "traslado á la parte", ni "á prueba y estése", como entre nosotros.

(II, 26; VI, 155-160)

–Yo lo haré –respondió el muchacho, y prosiguió diciendo–: Esta figura que aquí parece á caballo, cubierta con una capa gascona, es la mesma de don Gaiferos; aquí su esposa, ya vengada del atrevimiento del enamorado moro, con mejor y más sosegado semblante, se ha puesto á los miradores de la torre, y habla con su esposo, creyendo que es algún pasajero, con quien pasó todas aquellas razones y coloquios de aquel romance que dice:

Caballero, si á Francia ides,
Por Gaiferos preguntad;

los cuales no digo yo ahora, porque de la prolijidad se suele engendrar el fastidio; basta ver como don Gaiferos se descubre, y que por los ademanes alegres que Melisendra hace se nos da á entender que ella le ha conocido, y más ahora que veemos se descuelga del balcón, para ponerse en las ancas del caballo de su buen esposo. Mas ¡ay, sin ventura! que se le ha asido una punta del faldellín de uno de los hierros del balcón, y está pendiente en el aire, sin poder llegar al suelo. Pero veis como el piadoso cielo socorre en las mayores necesidades: pues llega don Gaiferos, y sin mirar si se rasgará ó no el rico faldellín, ase della, y mal su grado la hace bajar al suelo, y luego, de un brinco, la pone sobre las ancas de su caballo, á horcajadas como hombre, y la manda que se tenga fuertemente y le eche los brazos por las espaldas, de modo que los cruce en el pecho, porque no se caiga, á causa que no estaba la señora Melisendra acostumbrada á semejantes caballerías. Veis también como los relinchos del caballo dan señales que va contento con la valiente y hermosa carga que lleva en su señor y en su señora. Veis como vuelven las espaldas y salen de la ciudad, y alegres y regocijados toman de París la vía. ¡Vais en paz, oh par sin par de verdaderos amantes! ¡Lleguéis á salvamento á vuestra deseada patria, sin que la fortuna ponga estorbo en vuestro felice viaje! ¡Los ojos de vuestros amigos y parientes os vean gozar en paz tranquila los días (que los de Nestor sean) que os quedan de la vida!

(II, 26; VI, 162-164)

–No faltaron algunos ociosos ojos, que lo suelen ver todo, que no viesen la bajada y la subida de Melisendra, de quien dieron noticia al rey Marsilio, el cual mandó luego tocar al arma; y miren con qué priesa; que ya la ciudad se hunde con el son de las campanas, que en todas las torres de las mezquitas suenan.

–¡Eso no! –dijo á esta sazón don Quijote–. En esto de las campanas anda muy impropio maese Pedro, porque entre moros no se usan campanas, sino atabales, y un género de dulzainas que parecen nuestras chirimías; y esto de sonar campanas en Sansueña sin duda que es un gran disparate.

(II, 26; VI, 164-165)

–No consentiré yo que en mis días y en mi presencia se le haga superchería á tan famoso caballero y á tan atrevido enamorado como don Gaiferos. ¡Deteneos, mal nacida canalla; no le sigáis ni persigáis; si no, conmigo sois en la batalla!

(II, 26; VI, 166)

Mas no por esto dejaba de menudear don Quijote cuchilladas, mandobles, tajos y reveses como llovidos. Finalmente, en menos de dos credos, dió con todo el retablo en el suelo, hechas pedazos y desmenuzadas todas sus jarcias y figuras: el rey Marsilio, mal herido; y el emperador Carlo Magno, partida la corona y la cabeza en dos partes. Alborotóse el senado de los oyentes, huyóse el mono por los tejados de la venta, temió el primo, acobardóse el paje, y hasta el mesmo Sancho Panza tuvo pavor grandísimo, porque, como él juró después de pasada la borrasca, jamás había visto á su señor con tan desatinada cólera. Hecho, pues, el general destrozo del retablo, sosegóse un poco don Quijote, y dijo:

–Quisiera yo tener aquí delante en este punto todos aquellos que no creen, ni quieren creer, de cuánto provecho sean en el mundo los caballeros andantes: miren, si no me hallara yo aquí presente, qué fuera del buen don Gaiferos y de la hermosa Melisendra; á buen seguro que ésta fuera ya la hora que los hubieran alcanzado estos canes, y les hubieran hecho algún desaguisado. En resolución, ¡viva la andante caballería sobre cuantas cosas hoy viven en la tierra!

–¡Viva en hora buena –dijo á esta sazón con voz enfermiza maese Pedro–, y muera yo, pues soy tan desdichado, que puedo decir con el rey don Rodrigo:

Ayer fuí señor de España...,
Y hoy no tengo una almena
Que pueda decir que es mía!

(II, 26; VI, 167-168)

Real y verdaderamente os digo, señores que me oís, que á mí me pareció todo lo que aquí ha pasado que pasaba al pie de la letra: que Melisendra era Melisendra, don Gaiferos, don Gaiferos, Marsilio, Marsilio, y Carlo Magno, Carlo Magno: por eso se me alteró la cólera, y por cumplir con mi profesión de caballero andante, quise dar ayuda y favor á los que huían, y con este buen propósito hice lo que habéis visto; si me ha salido al revés, no es culpa mía, sino de los malos que me persiguen; y, con todo esto, deste mi yerro, aunque no ha procedido de malicia, quiero yo mismo condenarme en costas: vea maese Pedro lo que quiere por las figuras deshechas; que yo me ofrezco á pagárselo luego, en buena y corriente moneda castellana.

(II, 26; VI, 170-171)

El ventero y Sancho dijeron que así lo harían, y luego maese Pedro alzó del suelo con la cabeza menos al rey Marsilio de Zaragoza, y dijo:

–Ya se vee cuán imposible es volver á este rey á su ser primero; y así, me parece, salvo mejor juicio, que se me dé por su muerte, fin y acabamiento cuatro reales y medio.

–Adelante –dijo don Quijote.

–Pues por esta abertura de arriba abajo –prosiguió maese Pedro, tomando en las manos al partido emperador Carlo Magno–, no sería mucho que pidiese yo cinco reales y un cuartillo.

–No es poco –dijo Sancho.

–Ni mucho –replicó el ventero–: médiese la partida y señálensele cinco reales.

–Dénsele todos cinco y cuartillo –dijo don Quijote–; que no está en un cuartillo más á menos la monta desta notable desgracia; y acabe presto maese Pedro; que se hace hora de cenar, y yo tengo ciertos barruntos de hambre.

–Por esta figura –dijo maese Pedro– que está sin narices y un ojo menos, que es de la hermosa Melisendra, quiero, y me pongo en lo justo, dos reales y doce maravedís.

–Aun ahí sería el diablo –dijo don Quijote–, si ya no estuviese Melisendra con su esposo, por lo menos, en la raya de Francia; porque el caballo en que iban á mí me pareció que antes volaba que corría y así, no hay para qué venderme á mí el gato por liebre, presentándome aquí á Melisendra desnarigada, estando la otra, si viene á mano, ahora holgándose en Francia con su esposo á pierna tendida. Ayude Dios con lo suyo á cada uno, señor maese Pedro, y caminemos con pie llano y con intención sana. Y prosiga.

Maese Pedro, que vió que don Quijote izquierdeaba y que volvía á su primer tema, no quiso que se le escapase, y así, le dijo:

–Ésta no debe ser Melisendra, sino alguna de las doncellas que la servían; y así, con sesenta maravedís que me den por ella quedaré contento y bien pagado.

Desta manera fué poniendo precio á otras muchas destrozadas figuras, que después lo moderaron los dos jueces árbitros, con satisfacción de las partes, que llegaron á cuarenta reales y tres cuartillos; y además desto, que luego lo desembolsó Sancho, pidió maese Pedro dos reales por el trabajo de tomar el mono.

–Dáselos, Sancho –dijo don Quijote–, no para tomar el mono, sino la mona; y doscientos diera yo ahora en albricias á quien me dijera con certidumbre que la señora Melisendra y el señor Gaiferos estaban ya en Francia y entre los suyos.

(II, 26; VI, 171-174)

II, Capítulo 27:

Este Ginés de Pasamonte, á quien don Quijote llamaba Ginesillo de Parapilla, fué el que hurtó á Sancho Panza el rucio; que por no haberse puesto el cómo ni el cuándo en la primera parte, por culpa de los impresores, ha dado en qué entender á muchos, que atribuían á poca memoria del autor la falta de emprenta. Pero, en resolución, Ginés le hurtó estando sobre él durmiendo Sancho Panza, usando de la traza y modo que usó Brunelo cuando, estando Sacripante sobre Albraca, le sacó el caballo de entre las piernas, y después le cobró Sancho como se ha contado.

(II, 27; VI, 178)

Días ha que he sabido vuestra desgracia y la causa que os mueve á tomar las armas á cada paso, para vengaros de vuestros enemigos; y habiendo discurrido una y muchas veces en mi entendimiento sobre vuestro negocio, hallo, según las leyes del duelo, que estáis engañados en teneros por afrentados; porque ningún particular puede afrentar á un pueblo entero, si no es retándole de traidor por junto, porque no sabe en particular quién cometió la traición por que le reta. Ejemplo desto tenemos en don Diego Ordóñez de Lara, que retó á todo el pueblo zamorano, porque ignoraba que sólo Vellido Dolfos había cometido la traición de matar á su rey, y así, retó á todos, y á todos tocaba la venganza y la respuesta; aunque bien es verdad que el señor don Diego anduvo algo demasiado, y aun pasó muy adelante en los límites del reto, porque no tenía para qué retar á los muertos, á las aguas, ni á los panes, ni á los que estaban por nacer, ni á otras menudencias que allí se declaran; pero ¡vaya!, pues cuando la cólera sale de madre, no tiene la lengua padre, ayo ni freno que la corrija.

(II, 27; VI, 184-185)

Los varones prudentes, las repúblicas bien concertadas, por cuatro cosas han de tomar las armas y desenvainar las espadas, y poner á riesgo sus personas, vidas y haciendas; la primera, por defender la fe católica; la segunda, por defender su vida, que es de ley natural y divina; la tercera, en defensa de su honra, de su familia y hacienda; la cuarta, en servicio de su rey, en la guerra justa; y si le quisiéremos añadir la quinta (que se puede contar por segunda), es en defensa de su patria.

(II, 27; VI, 187-188)

II, Capítulo 29:

Por sus pasos contados y por contar, dos días después que salieron de la alameda llegaron don Quijote y Sancho al río Ebro, y el verle fué de gran gusto á don Quijote, porque contempló y miró en él la amenidad de sus riberas, la claridad de sus aguas, el sosiego de su curso y la abundancia de sus líquidos cristales, cuya alegre vista renovó en su memoria mil amorosos pensamientos. Especialmente fué y vino en lo que había visto en la cueva de Montesinos; que, puesto que el mono de maese Pedro le había dicho que parte de aquellas cosas eran verdad y parte mentira, él se atenía más á las verdaderas que á las mentirosas, bien al revés de Sancho, que todas las tenía por la mesma mentira. Yendo, pues, desta manera, se le ofreció á la vista un pequeño barco sin remos ni otras jarcias algunas, que estaba atado en la orilla á un tronco de un árbol que en la ribera estaba. Miró don Quijote á todas partes, y no vió persona alguna; y luego, sin más ni más, se apeó de Rocinante y mandó á Sancho que lo mesmo hiciese del rucio, y que á entrambas bestias las atase muy bien, juntas, al tronco de un álamo ó sauce que allí estaba. Preguntóle Sancho la causa de aquel súbito apeamiento y de aquel ligamiento. Respondió don Quijote:

–Has de saber, Sancho, que este barco que aquí está, derechamente y sin poder ser otra cosa en contrario, me está llamando y convidando á que entre en él, y vaya en él á dar socorro á algún caballero, ó á otra necesitada y principal persona, que debe de estar puesta en alguna grande cuita; porque éste es estilo de los libros de las historias caballerescas, y de los encantadores que en ellas se entremeten y platican: cuando algún caballero está puesto en algún trabajo, que no puede ser librado dél sino por la mano de otro caballero, puesto que estén distantes el uno del otro dos ó tres mil leguas, y aún más, ó le arrebatan en una nube, ó le deparan un barco donde se entre, y en menos de un abrir y cerrar de ojos le llevan, ó por los aires, ó por la mar, donde quieren y adonde es menester su ayuda; así que ¡oh Sancho! este barco está puesto aquí para el mesmo efecto; y esto es tan verdad como es ahora de día; y antes que éste se pase, ata juntos al rucio y á Rocinante, y á la mano de Dios, que nos guíe; que no dejaré de embarcarme si me lo pidiesen frailes descalzos...

Y dando un salto en él, siguiéndole Sancho, cortó el cordel, y el barco se fué apartando poco á poco de la ribera; y cuando Sancho se vió obra de dos varas dentro del río, comenzó á temblar, temiendo su perdición; pero ninguna cosa le dió más pena que el oír roznar al rucio y el ver que Rocinante pugnaba por desatarse,...

(II, 29; VI, 205-207, 209)

II, Capítulo 31:

–Pues en verdad –respondió Sancho– que he oído yo decir á mi señor, que es zahorí de las historias, contando aquella de Lanzarote,

Cuando de Bretaña vino,
Que damas curaban dél,
Y dueñas del su rocino;

y que en el particular de mi asno, que no le trocara yo con el rocín del señor Lanzarote.

(II, 31; VI, 236)

–Aquí las he –respondió la dueña– con este buen hombre, que me ha pedido encarecidamente que vaya á poner en la caballeriza á un asno suyo que está á la puerta del castillo, trayéndome por ejemplo que así lo hicieron no sé dónde, que unas damas curaron á un tal Lanzarote, y unas dueñas á su rocino, y, sobre todo, por buen término me ha llamado vieja.

(II, 31; VI, 238-239)

II, Capítulo 32:

Y aunque poco ha dije que yo podía estar agraviado, ahora digo que no, en ninguna manera, porque quien no puede recebir afrenta, menos la puede dar; por las cuales razones yo no debo sentir, ni siento, las que aquel buen hombre me ha dicho; sólo quisiera que esperara algún poco, para darle á entender en el error en que está en pensar y decir que no ha habido, ni los hay, caballeros andantes en el mundo; que si lo tal oyera Amadís, ó uno de los infinitos de su linaje, yo sé que no le fuera bien á su merced.

–Eso juro yo bien –dijo Sancho–: cuchillada le hubieran dado, que le abrieran de arriba abajo como una granada, ó como á un melón muy maduro. ¡Bonitos eran ellos para sufrir semejantes cosquillas! Para mi santiguada que tengo por cierto que si Reinaldos de Montalbán hubiera oído estas razones al hombrecito, tapaboca le hubiera dado, que no hablara más en tres años.

(II, 32; VI, 263-264)

–Señora mía, sabrá la vuestra grandeza que todas ó las más cosas que á mí me suceden van fuera de los términos ordinarios de las que á los otros caballeros andantes acontecen, ó ya sean encaminadas por el querer inescrutable de los hados, ó ya vengan encaminadas por la malicia de algún encantador invidioso; y como es cosa ya averiguada que todos ó los más caballeros andantes y famosos, uno tenga gracia de no poder ser encantado, otro, de ser de tan impenetrables carnes, que no pueda ser herido, como lo fué el famoso Roldán, uno de los doce Pares de Francia, de quien se cuenta que no podía ser ferido sino por la planta del pie izquierdo, y que esto había de ser con la punta de un alfiler gordo, y no con otra suerte de arma alguna y así, cuando Bernardo del Carpio le mató en Roncesvalles, viendo que no le podía llegar con fierro, le levantó del suelo entre los brazos, y le ahogó, acordándose entonces de la muerte que dió Hércules á Anteón, aquel feroz gigante que decía ser hijo de la Tierra.

(II, 32; VI, 274-275)

Dulcinea es principal y bien nacida, y de los hidalgos linajes que hay en el Toboso, que son muchos, antiguos y muy buenos, á buen seguro que no le cabe poca parte á la sin par Dulcinea, por quien su lugar será famoso y nombrado en los venideros siglos, como lo ha sido Troya por Elena, y España por la Cava, aunque con mejor título y fama.

(II, 32; VI, 277-278)

II, Capítulo 33:

Cuenta, pues, la historia, que Sancho no durmió aquella siesta, sino que, por cumplir su palabra, vino en comiendo á ver á la Duquesa; la cual, con el gusto que tenía de oirle, le hizo sentar junto á sí en una silla baja, aunque Sancho, de puro bien criado, no quería sentarse; pero la Duquesa le dijo que se sentase como gobernador y hablase como escudero, puesto que por entrambas cosas merecía el mismo escaño del Cid Rui Díaz Campeador.

(II, 33; VI, 287)

Y torno á decir que si vuestra señoría no me quisiere dar la ínsula por tonto, yo sabré no dárseme nada por discreto; y yo he oído decir que detrás de la cruz está el diablo, y que no es oro todo lo que reluce, y que de entre los bueyes, arados y coyundas sacaron al labrador Wamba para ser rey de España, y de entre los brocados, pasatiempos y riquezas sacaron á Rodrigo para ser comido de culebras, si es que las trovas de los romances no mienten.

–Y ¡cómo que no mienten! –dijo á esta sazón doña Rodríguez la dueña, que era una de las escuchantes–: que un romance hay que dice que metieron al rey Rodrigo, vivo vivo, en una tumba de sapos, culebras y lagartos, y que de allí a dos días dijo el Rey desde dentro de la tumba, con voz doliente y baja:

> Ya me comen, ya me comen
> Por do más pecado había;

y según esto, mucha razón tiene este señor en decir que quiere ser más labrador que rey, si le han de comer sabandijas.

(II, 33; VI, 294-295)

–Bien puede ser todo eso –dijo Sancho Panza–; y agora quiero creer lo que mi amo cuenta de lo que vió en la cueva de Montesinos, donde dice que vió á la señora Dulcinea del Toboso en el mesmo traje y hábito que yo dije que la había visto cuando la encanté por solo mi gusto; y todo debió de ser al revés, como vuesa merced, señora mía, dice, porque de mi ruin ingenio no se puede ni debe presumir que fabricase en un instante tan agudo embuste, ni creo yo que mi amo es tan loco, que con tan flaca y magra persuasión como la mía creyese una cosa tan fuera de todo término.

(II, 33; VI, 298)

–Así es la verdad –dijo la Duquesa–; pero dígame agora Sancho qué es esto que dice de la cueva de Montesinos; que gustaría saberlo.

(II, 33; VI, 299)

II, Capítulo 34:

Grande era el gusto que recebían el Duque y la Duquesa de la conversación de don Quijote y de la de Sancho Panza; y confirmándose en la intención que tenían de hacerles algunas burlas que llevasen vislumbres y apariencias de aventuras, tomaron motivo de la que don Quijote ya les había contado de la cueva de Montesinos, para hacerle una que fuese famosa (pero de lo que más la Duquesa se admiraba era que la simplicidad de Sancho fuese tanta, que hubiese venido á creer ser verdad infalibe que Dulcinea del Toboso estuviese encantada, habiendo sido él mesmo el encantador y el embustero de aquel negocio); y así, habiendo dado orden á sus criados de todo lo que habían de hacer, de allí á seis días le llevaron á caza de montería, con tanto aparato de monteros y cazadores como pudiera llevar un rey coronado.

(II, 34; VI, 305-306)

Si esta caza fuera de liebres ó de pajarillos, seguro estuviera mi sayo de verse en este extremo. Yo no sé qué gusto se recibe de esperar á un animal que, si lo alcanza con un colmillo, os puede quitar la vida: yo me acuerdo haber oído cantar un romance antiguo que dice:

De los osos seas comido,
Como Favila el nombrado.

(II, 34; VI, 310)

–Yo soy el Diablo; voy á buscar á don Quijote de la Mancha; la gente que por aquí viene son seis tropas de encantadores, que sobre un carro triunfante traen á la sin par Dulcinea del Toboso. Encantada viene con el gallardo francés Montesinos, á dar orden á don Quijote de cómo ha de ser desencantada la tal señora.

(II, 34; VI, 315)

Luego el Demonio, sin apearse, encaminando la vista á don Quijote dijo:

–Á ti el Caballero de los Leones (que entre las garras dellos te vea yo) me envía el desgraciado, pero valiente caballero Montesinos, mandándome que de su parte te diga que le esperes en el mismo lugar que te topare, á causa que trae consigo á la que llaman Dulcinea del Toboso, con orden de darte la que es menester para desencantarla. Y por no ser para más mi venida, no ha de ser más mi estada; los demonios como yo queden contigo, y los ángeles buenos con estos señores.

Y en diciendo esto, tocó el desaforado cuerno, y volvió las espaldas y fuése, sin esperar respuesta de ninguno.

Renovóse la admiración en todos, especialmente en Sancho y don Quijote: en Sancho, en ver que, á despecho de la verdad, querían que estuviese encantada Dulcinea; en don Quijote, por no poder asegurarse si era verdad ó no lo que le había pasado en la cueva de Montesinos.

(II, 34; VI, 316)

–Yo soy Arcalaus el encantador, enemigo mortal de Amadís de Gaula y de toda su parentela.

(II, 34; VI, 320)

II, Capítulo 35:

–No, en ninguna manera –dijo Merlín–. Aquí, en este instante y en este lugar, ha de quedar asentado lo que ha de ser deste negocio: ó Dulcinea volverá á la cueva de Montesinos y á su prístino estado de labradora, ó ya, en el ser que está, será llevada á los elíseos campos, donde estará esperando se cumpla el número del vápulo.

–Ea, buen Sancho –dijo la Duquesa–, buen ánimo y buena correspondencia al pan que habéis comido del señor don Quijote, á quien todos debemos servir y agradar, por su buena condición y por sus altas caballerías. Dad el sí, hijo, desta azotaina, y váyase el diablo para diablo y el temor para mezquino; que un buen corazón quebranta mala ventura, como vos bien sabéis.

Á estas razones respondió con éstas disparatadas Sancho, que, hablando con Merlín, le preguntó:

–Dígame vuesa merced, señor Merlín: cuando llegó aquí el diablo correo, dió á mi amo un recado del señor Montesinos, mandándole de su parte que le esperase aquí, porque venía á dar orden de que la señora doña Dulcinea del Toboso se desencantase, y hasta agora no hemos visto á Montesinos, ni á sus semejas.

Á lo cual respondió Merlín:

–El Diablo, amigo Sancho, es un ignorante y un grandísimo bellaco; yo le envié en busca de vuestro amo, pero no con recado de Montesinos, sino mío; porque Montesinos se está en su cueva atendiendo, ó, por mejor decir, esperando su desencanto, que aún le falta la cola por desollar.

(II, 35; VI, 335-336)

II, Capítulo 36:

Hemos estado en la cueva de Montesinos, y el sabio Merlín ha echado mano de mí para el desencanto de Dulcinea del Toboso, que por allá se llama Aldonza Lorenzo: con tres mil y trecientos azotes, menos cinco, que me he de dar, quedará desencantada como la madre que la parió.

(II, 36; VII, 11)

II, Capítulo 38:

Parecióme la trova de perlas, y su voz, de almíbar, y después acá, digo, desde entonces, viendo el mal en que caí por estos y otros semejantes versos, he considerado que de las buenas y concertadas repúblicas se habían de desterrar los poetas, como aconsejaba Platón, á lo menos, los lascivos, porque escriben unas coplas, no como las del Marqués de Mantua, que entretienen y hacen llorar á los niños y á las mujeres, sino unas agudezas, que á modo de blandas espinas os atraviesan el alma, y como rayos os hieren en ella, dejando sano el vestido.

(II, 38; VII, 39)

II, Capítulo 40:

–El nombre –respondió la Dolorida– no es como el caballo de Belerofonte, que se llamaba Pegaso, ni como el del Magno Alejandro, llamado Bucéfalo, ni como el del furioso Orlando, cuyo nombre fué Brilladoro, ni menos Bayarte, que fué el de Reinaldos de Montalbán, ni Frontino, como el de Rugero, ni Bootes ni Peritoa, como dicen que se llaman los del sol, ni tampoco se llama Orelia, como el caballo en que el desdichado Rodrigo, último rey de los godos, entró en la batalla donde perdió la vida y el reino.

(II, 40; VII, 59)

II, Capítulo 41:

En resolución, éste fué el fin de la aventura de la Dueña Dolorida, que dió que reír á los Duques no sólo aquel tiempo, sino el de toda su vida, y que contar á Sancho siglos, si los viviera; y llegándose don Quijote á Sancho, al oído le dijo:

–Sancho, pues vos queréis que se os crea lo que habéis visto en el cielo, yo quiero que vos me creáis á mí lo que vi en la cueva de Montesinos. Y no os digo más.

(II, 41; VII, 91-92)

II, Capítulo 44:

No mires de tu Tarpeya
Este incendio que me abrasa,
Nerón manchego del mundo,
Ni le avives con tu saña.

(II, 44; VII, 144)

II, Capítulo 48:

"–No –dijo creyendo á su imaginación, y esto, con voz que pudiera ser oída–; no ha de ser parte la mayor hermosura de la tierra para que yo deje de adorar la que tengo grabada y estampada en la mitad de mi corazón y en lo más escondido de mis entrañas, ora estés, señora mía, transformada en cebolluda labradora, ora en ninfa del dorado Tajo, tejiendo telas de oro y sirgo compuestas, ora te tenga Merlín ó Montesinos donde ellos quisieren; que adondequiera eres mía, y á dondequiera he sido yo, y de ser tuyo."

(II, 48; VII, 206)

II, Capítulo 55:

Aquí habremos de perecer de hambre yo y mi jumento, si ya no nos morimos antes, él de molido y quebrantado, y yo de pesaroso. Á lo menos, no seré yo tan venturoso como lo fué mi señor don Quijote de la Mancha cuando descendió y bajó á la cueva de aquel encantado Montesinos, donde halló quien le regalase mejor que en su casa, que no parece sino que fué á mesa puesta y á cama hecha.

(II, 55; VIII, 9)

Él sí que tuviera estas profundidades y mazmorras por jardines floridos y por palacios de Galiana, y esperara salir de esta escuridad y estrecheza á algún florido prado; pero yo sin ventura, falto de consejo y menoscabado de ánimo, á cada paso pienso que debajo de los pies de improviso se ha de abrir otra sima más profunda que la otra, que acabe de tragarme.

(II, 55; VIII, 12-13)

II, Capítulo 57:

Cruel Vireno, fugitivo Eneas,
Barrabás te acompañe; allá te avengas.

(II, 57; VIII, 38)

II, Capítulo 59:

Y luego les fué contando punto por punto el encanto de la señora Dulcinea, y lo que le había sucedido en la cueva de Montesinos, con la orden que el sabio Merlín le había dado para desencantarla, que fué la de los azotes de Sancho.

(II, 59; VIII, 89)

II, Capítulo 60:

Ya le parecía hallarse en la cueva de Montesinos; ya ver brincar y subir sobre su pollina á la convertida en labradora Dulcinea; ya que le sonaban en los oídos las palabras del sabio Merlín, que le referían las condiciones y diligencias que se habían de hacer y tener en el desencanto de Dulcinea.

(II, 60; VIII, 98)

–Ni quito, ni pongo rey –respondió Sancho–, sino ayúdome á mí, que soy mi señor. Vuesa merced me prometa que se estará quedo, y no tratará de azotarme por agora; que yo le dejaré libre y desembarazado; donde no,

Aquí morirás traidor,
Enemigo de doña Sancha.

(II, 60; VIII, 100-101)

II, Capítulo 61:

Volvióse Roque; quedóse don Quijote esperando el día, así, á caballo, como estaba, y no tardó mucho cuando comenzó á descubrirse por los balcones de Oriente la faz de la blanca aurora, alegrando las yerbas y las flores, en lugar de alegrar el oído; aunque al mesmo instante alegraron también el oído el son de muchas chirimías y atabales, ruido de cascabeles, "¡trapa, trapa, aparta, aparta!" de corredores, que, al parecer, de la ciudad salían.

(II,61; VIII, 127-128)

II, Capítulo 62:

–Dime tú, el que respondes: ¿fué verdad, ó fué sueño lo que yo cuento que me pasó en la cueva de Montesinos? ¿Serán ciertos los azotes de Sancho mi escudero? ¿Tendrá efecto el desencanto de Dulcinea?

(II, 62; VIII, 149)

II, Capítulo 64:

Dijo don Quijote á don Antonio que el parecer que habían tomado en la libertad de don Gregorio no era bueno, porque tenía más de peligroso que de conveniente, y que sería mejor que le pusiesen á él en Berbería con sus armas y caballo; que él le sacaría á pesar de toda la morisma, como había hecho con Gaiferos á su esposa Melisendra.

–Advierta vuesa merced –dijo Sancho, oyendo esto– que el señor don Gaiferos sacó á su esposa de tierra firme, y la llevó á Francia por tierra firme; pero aquí, si acaso sacamos á don Gregorio, no tenemos por dónde traerle á España, pues está la mar en medio.

(II, 64; VIII, 183-184)

II, Capítulo 66:

Al salir de Barcelona –volvió don Quijote á mirar el sitio donde había caído, y dijo:

–¡Aquí fué Troya! ¡Aquí mi desdicha, y no mi cobardía, se llevó mis alcanzadas glorias; aquí usó la fortuna conmigo de sus vueltas y revueltas; aquí se escurecieron mis hazañas; aquí, finalmente, cayó mi ventura para jamás levantarse!

(II, 66; VIII, 207)

–Bien has dicho, Sancho –respondió don Quijote–; cuélguense mis armas por trofeo, y al pie dellas o alrededor dellas, grabaremos en los árboles lo que en el trofeo de las armas de Roldán estaba escrito:

Nadie las mueva
Que estar no pueda con Roldán á prueba

(II, 66; VIII, 211)

II, Capítulo 74:

Y el prudentísimo Cide Hamete dijo á su pluma: "Aquí quedarás, colgada desta espetera y deste hilo de alambre, ni sé si bien cortada ó mal tajada péñola mía, adonde vivirás luengos siglos, si presuntuosos y malandrines historiadores no te descuelgan para profanarte. Pero antes que á ti lleguen, les puedes advertir, y decirles en el mejor modo que pudieres:

¡Tate, tate, folloncicos!
De ninguno sea tocada;
Porque esta empresa, buen rey,
Para mí estaba guardada.

(II, 74; VIII, 333)

ANEXO "B"

ÍNDICE DE PRIMEROS VERSOS DE ROMANCES RELACIONADOS EN EL TEXTO O EN LAS CITAS DE ESTE TRABAJO, CUYOS TEMAS ESTÁN CONTENIDOS EN EL *QUIJOTE*

A cabo de mucho tiempo	I, 419.	Romance número 623.
A cazar va Don Rodrigo	I, 455.	Romance número 691.
A concilio dentro en Roma	I, 494.	Romance número 756.
A Don Álvaro de Luna,	II, 48.	Romance número 987.
A el valiente Don Manuel,	II, 137.	Romance número 1135.
A Grecia parte Rugero	I, 278.	Romance número 426.
A los piés de la fortuna	II, 56.	Romance número 1004.
A pié está el fuerte Don Diego	I, 515.	Romance número 799.
A Toledo habia llegado	I, 553.	Romance número 876.
–Adios, privanza de reyes,	II, 54.	Romance número 1000.
Agradecido pastor,	II, 492.	Romance número 1563.
¡Ah! mis señores poetas,	I, 129.	Romance número 245.
Al moro alcaide de Ronda	II, 135.	Romance número 1133.
Al pié de una verde haya	I, 4.	Romance número 10.
Al tiempo que el sol salia	I, 280.	Romance número 430.
Al valiente Don Manuel,	II, 134.	Romance número 1132.
Amarilis la del Soto,	II, 493.	Romance número 1567.
Amores trata Rodrigo:	I, 402.	Romance número 589.
Ante los nobles y el vulgo	I, 516.	Romance número 801.
–Ante que barbas tuviese,	I, 435.	Romance número 656.
Apartado del camino,	I, 264.	Romance número 399.
Apénas el Almirante	II, 237.	Romance número 1257.
Apretada está Valencia,	I, 534.	Romance número 836.
Apriesa llega la noche	II, 57.	Romance número 1006.
Aquel alto emperador	I, 196.	Romance número 349.

BIBLIOGRAFÍA

Abizanda, Manuel y Melón, Gaudencio Amando. "Carlo Magno en España según la *Crónica de Conquiridores* de D. Juan Fernández de Heredia", *Revista de Archivos, Bibliotecas y Museos,* XXXI (1914), 400-432.

Alborg, Juan Luis. *Historia de la literatura española.* Vols. I y II. Madrid: Editorial Gredos, 1967.

Alfonso X el Sabio. *Primera crónica general.* Editada por Ramón Menéndez Pidal y otros. Madrid: Editorial Gredos, 1955.

Alonso, Dámaso. "La primitiva épica francesa a la luz de una *Nota Emilianense*", *Revista de Filología Española,* XXXVII (enero-diciembre, 1953), 1-94.

Altamira y Crevea, Rafael. *Historia de España y de la civilización española.* Barcelona: Herederos de Juan Gili, 1913.

Arce Blanco, Margot. "Garcilaso de la Vega. Contribución al estudio de la lírica española del siglo XVI", *Revista de Filología Española,* Anejo XIII (1930).

Ariosto, Ludovico. *Orlando furioso.* Editado por Piero Nardi. 21.ª ed. Verona: Arnoldo Mondadori, 1966.

———. *Orlando furioso.* Traducido por Ieronymo de Urrea. Anvers: Casa de Martín Nucio, 1549.

Arnold, Ivor (ed.). *Le Roman de Brut de Wace.* Paris: Sociéte des Anciens Textes Français, 1938.

Bell, Aubrey F. G. *Cervantes.* Norman: University of Oklahoma Press, 1947.

Bénichou, Paul. *Creación poética en el romancero tradicional.* Madrid: Editorial Gredos, 1968.

Berceo, Gonzalo de. *La Vida de San Millán de la Cogolla.* Estudio y edición crítica por Brian Dutton. Londres: Tamesis Books Limited, 1967.

Bretón de los Herreros, Don Manuel. *Obras.* Madrid: Imprenta de Miguel Ginesta, 1883.

Brown, Arthur C. L. "A note on the Nugae of G. H. Gerould's 'King Arthur and Politics' ", *Speculum,* II (1927), 449-455.

Brown, Robert B. *Bibliografía de las comedias históricas, tradicionales y legendarias de Lope de Vega.* México: Editorial Academia, 1958.

Bruce, James Douglas. *The Evolution of Arthurian Romance From the Beginning Down to the Year 1300.* Baltimore: The Jonhs Hopkins Press, 1923.

Calderón de la Barca, Don Pedro. *Teatro escogido.* Edición de la Real Academia Española. Madrid: Imprenta y Estereotipia de M. Rivadeneyra, 1868.

Carrasco Urgoiti, María Soledad. *El moro de Granada en la literatura (Del siglo XV al XX).* Madrid: Revista de Occidente, 1956.

Casa, Frank P. *The Dramatic Craftmanship of Moreto.* Cambridge: Harvard University Press, 1966.

Castro, Adolfo de. [ed.]. *Cuatro entremeses atribuidos a Miguel de Cervantes: Entremés de los mirones, Entremés de Doña Justina, Entremés de los refranes, Entremés de los romances.* Barcelona: Luis Guarro Casas, 1957.

Castro, Américo. *El pensamiento de Cervantes.* Madrid: Hernando, 1925.

———. *La realidad histórica de España.* México: Editorial Porrúa, 1966.

Cejador y Frauca, Julio. *Historia de la lengua y literatura castellana.* Vol. I. Madrid: Imprenta Radio, 1927.

Cervantes Saavedra, Don Miguel. *El ingenioso hidalgo don Quijote de la Mancha.* Editado por Juan Antonio Pellicer. Vol. I. Madrid: Don Gabriel de Sancha, 1797.

———. *El ingenioso hidalgo don Quijote de la Mancha.* Editado por Francisco Rodríguez Marín. 8 vols. Madrid: Espasa-Calpe, 1964.

———. *El ingenioso hidalgo don Quijote de la Mancha.* Editado por Américo Castro. México: Editorial Porrúa, 1969.

———. *Obras completas.* Editadas por Ángel Valbuena Prat. Madrid: Aguilar, 1960.

Cossío, José María de. *Rutas literarias de la Montaña.* Santander: Imprenta Provincial de Santander, 1960.

Cossío, José María de y Maza Solano, Tomás. *Romancero popular de la Montaña.* Santander: Imprenta y Encuadernación de la Librería Moderna, sin año.

Chanson de Roland. Edited by R. Gardner, W. S. Woods, H. H. Hilton, Jr. and Urban Tigner Holmes, Jr. Columbus, Ohio: H. L. Hedrick, 1941.

Chevalier, Maxime. *L'Arioste en Espagne (1530-1650). Recherches sur l'influence du "Roland furieux".* Bordeaux: Institut D'Études Ibériques et Ibéro-Americaines de l'Université de Bordeaux, 1966.

Díaz del Castillo, Bernal. *Verdadera historia de los sucesos de la conquista de la Nueva-España.* Madrid: Imprenta de Tejado, 1862.

Díez-Echarri, Emiliano y Roca Franquesa, José María. 2.ª ed. *Historia de la literatura española e hispanoamericana.* Madrid: Aguilar, 1966.

Durán, Don Agustín. *Romancero general.* Biblioteca de Autores Españoles, Vols. X y XVI. Madrid: Ediciones Atlas, 1945.

Entwistle, William James. *European Balladry.* Oxford: The Clarendon Press, 1939.

Espinosa, Aurelio Mecedonio. *El Romancero español, sus orígenes y su historia en la literatura universal.* Madrid: Librería General de Victoriano Suárez, 1931.

———. "Sobre la importancia del Romancero", *Revista Cubana,* I (1935), 214-219.

Fitzmaurice-Kelly, James and Trend, J. B. *The Oxford Book of Spanish Verse.* 2nd. ed. Oxford: Oxford University Press, 1965.

Ganivet, Ángel. *Idearium español.* Madrid: Espasa-Calpe, 1966.

García Lorca, Federico. *Obras completas.* Editadas por Arturo del Hoyo. Madrid: Aguilar, 1971.

Gibson, James Young. *The Cid Ballads, and Other Translations from Spanish and German.* Edited by Margaret Dunlop Gibson. London: K. Paul, Trench, Trübner, 1898.

Gil de Zárate, D. Antonio. *Guzmán el Bueno.* Madrid: E. Cuesta, á cargo de J. Giraldez, 1888.

G[onzález] de Amezúa, Agustín. *Una colección manuscrita y desconocida de comedias de Lope de Vega Carpio.* Madrid: Aldus, 1945.

González Palencia, Ángel. *Romancero general.* Madrid: Consejo Superior de Investigaciones Científicas, 1947.

Guizot, M. and Madame Guizot de Witt. *The History of France from the Earliest Times to 1848.* Translated by Robert Black. New York: John B. Alden, 1884.

Hatzfeld, Helmut. *El "Quijote" como obra de arte del lenguaje.* Madrid: Consejo Superior de Investigaciones Científicas, 1966.

Hayes, Frances. "The Collecting of Proverbs in Spain before 1650", *Hispania,* XX (1954), 85-94.

Heinermann, Theodor. *Untersuchungen zur Entstehung der Sage von Bernardo del Carpio,* N.º 2, Studien über Amerika und Spanien. Halle: Max Niemeyer Verlag, 1937.

Holmes, Urban Tigner, Jr. *A New Interpretation of Chrétien's Conte del Graal.* Chapel Hill: Studies in the Romance Languages and Literature, 1948.

———. *A History of Old French Literature from the Origins to 1300.* New York: Russell and Russell, Inc., 1962.

———. "The Arthurian Tradition in Lambert D'Ardres", *Speculum,* XXV (Jan.-Oct., 1950), 100-103.

Jiménez, Juan Ramón. *El romance, río de la lengua española.* México: Publicaciones de la Sala Zenobia-Juan Ramón de la Universidad de Puerto Rico, 1959.

Lapesa, Rafael. *Historia de la lengua española.* 5.ª ed. New York: Las Americas Publishing Co., 1962.

———. *De la edad media a nuestros días.* Madrid: Editorial Gredos, 1967.

Levey, Arthur Edgar. *The Sources or the Ballads by Lorenzo de Sepúlveda.* Chicago: The University of Chicago Libraries, 1939.

Loomis, Laura Hibbard. "The Round Table Again", *Modern Language Notes,* XLIV (1929), 511-519.

———. "The Holy Relics of Charlemagne and King Athelstan: The Lances of Longinus and St. Mauritius", *Speculum,* XXV (Jan.-Oct., 1950), 437-456.

Loomis, Roger Sherman. *The Development of Arthurian Romance.* London: Hutchison University Library, 1963.

———. *Arthurian Literature in the Middle Ages. A Collaborative History.* Oxford: The Clarendon Press, 1959.

López de Ayala, Pero. *Poesías del Canciller Pero López de Ayala.* Edited by Albert F. Kuersteiner. New York: The Hispanic Society of America, 1920.

Ludwig, Albert. *Lope de Vegas Dramen aus dem karolingischen Sageenkreise.* Berlin: Mayer und Müller, 1898.

Machado, Antonio. *Poesías completas.* Madrid: Espasa-Calpe, 1966.

Madden, Sir Frederick. *"Layamon's Brut" or Chronicle of Britain. A Poetical Semi-Saxon Paraphrase of the Brut of Wace.* London: The Society of Antiquaries of London, 1847.

Mariana, Juan de. *Historia General de España,* 9 vols. Madrid: Imprenta de los Hijos de doña Catalina Piñuela, 1828.

Marías, Julián. "Romance", *Diccionario de literatura española.* 3.ª ed. Madrid: Revista de Occidente, 1964.

Malone, Kemp. "Artorius", *Modern Philology,* XXII (1924-25), 367-374.

Mayone Dias, Eduardo. "Los romances de la Guerra Civil de España: ¿Literatura comprometida?" *Hispania,* LI (1968), 433-439.

Menéndez y Pelayo, Marcelino. *Antología de poetas líricos castellanos.* Santander: Aldus, 1944.

———. *Obras completas. Estudios sobre el teatro de Lope de Vega,* vol. III. Madrid: Librería General de Victoriano Suárez, 1922.

Menéndez Pidal, Ramón. *Poesía árabe y poesía europea.* Buenos Aires: Espasa-Calpe Argentina, 1946.

———.*Manual de gramática histórica española,* 12.ª ed. Madrid: Espasa-Calpe, 1966.

———. *Cómo vive un romance.* Madrid: Consejo Superior de Investigaciones Científicas, 1954.

———. *Mis páginas preferidas. Temas literarios.* Madrid: Editorial Gredos, 1957.

———. *Romancero hispánico (hispano-portugués-americano y sefardí).* Madrid: Espasa-Calpe, 1953.

———. *De Cervantes y Lope de Vega.* Madrid: Espasa-Calpe, 1964.

———. *Cancionero de romances impreso en Amberes sin año.* Madrid: Consejo Superior de Investigaciones Científicas, 1945.

———. *Poema de Mío Cid.* Madrid: Espasa-Calpe, 1966.

———. " 'Roncesvalles' un nuevo cantar de gesta español del siglo XVII", *Revista de Filología Española,* IV (abril-junio, 1917), 105-204.

———. *The Spaniards in Their History.* Translated by Walter Starkie. New York: W. W. Norton and Co., Inc., 1950.

Milá y Fontanals, Manuel. *De la poesía heroico-popular castellana.* Editada por Martín de Riquer y Joaquín Molas. Barcelona: Consejo Superior de Investigaciones Científicas, 1959.

Mommsen, Theodorus. *Monumenta Germaniae Historica.* Vol. 13. Berlin: Weidmannsche Verlagsbuchhandlung, 1961.

Monteverdi, Angelo. *Rinaldo di Montalbano e Bernardo del Carpio.* Zaragoza: Publicaciones de la Facultad de Filosofía y Letras, 1956.

Moore, Jerome A. *The "Romancero" in the Chronicle-Legend Plays of Lope de Vega.* Philadelphia: University of Pennsylvania Press, 1940.

Navarro Tomás, Tomás. *Métrica española; reseña histórica y descriptiva.* New York: Las Americas Publishing Co., 1966.

Ordóñez de Montalvo, Garci. *Amadís de Gaula.* Editado por Edwin E. Place. Vol. II. Madrid: Consejo Superior de Investigaciones Científicas, Instituto "Miguel de Cervantes", 1962.

Owen, D. D. R. *The Evolution of the Grail Legend.* Edinburgh: Oliver and Bord, Ltd., 1968.

Paris, Gaston. " 'Mainet', fragments d'une Chanson de Geste du XIIe Siècle", *Romania,* IV (1875), 305-337.

Philpot, J. H. *Maistre Wace. A Pioneer in Two Literatures.* London: Methuen and Co., Ltd., 1925.

Pino, Guido di. *L'Orlando innamorato di Matteo Maria Boiardo.* Messina: Libreria "Peloritana" Editrice, 1964.

Portnoy, Antonio. *Ariosto y su influencia en la literatura española.* Buenos Aires: Editorial Estrada, 1932.

Richard, P. *Britain in Medieval French Literature, 1100-1500.* Cambridge: The University Press, 1956.

Richthofen, Erich von. "Influencia de las leyendas épicas francesas en España y en Italia. La épica carolingia", *Estudios épicos medievales.* Traducido por José Riesco. Madrid: Editorial Gredos, 1954.

Río, Ángel del. *Historia de la literatura española.* 2 vols. New York: Holt, Rinehart and Winston, 1963.

Ríos, José Amador de los. *Toledo Pintoresca ó descripción de sus más célebres monumentos.* Madrid: Imprenta y Librería de D. Ignacio Boix, 1845.

Riquer, Martín de. *La antigüedad del "Ronsasvals" provenzal.* Zaragoza: Publicaciones de la Facultad de Filosofía y Letras, 1956.

———. *Los cantares de gesta franceses.* Madrid: Editorial Gredos, 1952.

———. "La lanza de Pellés", *Romance Philology,* IX (1955-56), 187-196.

———. *La leyenda del Graal y temas épicos medievales.* Madrid: Editorial Prensa Española, 1968.

Rivas, Duque de. *Romances.* Editados por Cipriano Rivas Cherif. Vol. I. Madrid: Espasa-Calpe, 1949.

Rodríguez, Lucas. *Romancero historiado.* Editado por Melchor de Herrera. Madrid: Imprenta de T. Fortanet, 1875.

Rodríguez-Moñino, Antonio (ed.). *La Silva de romances de Barcelona, 1561.* Salamanca: Universidad de Salamanca, 1969.

———. *Cancionero de romances de Amberes de 1555.* Madrid: Editorial Castalia, 1967.

———. *Primera parte de la Sylva de varios romances, en el qual se contienen muchos y diversos romances de hystorias nuevas, recopilado por Juan Mendaño.* Valencia: Editorial Castalia, 1966.

———. *Rosas de romances por Juan de Timoneda.* Valencia: Editorial Castalia, 1963.

———. "Las fuentes del Romancero general". I, *"Flor de varios romances nuevos y canciones recopilados por Pedro de Moncayo (Huesca, 1589)".* Madrid: Real Academia Española, 1957.

———. *"Las fuentes del Romancero general".* II, *"Flor de varios romances nuevos. Primera y Segunda Parte. Recopilados por Pedro de Moncayo (Barcelona, 1591)".* Madrid: Real Academia Española, 1957.

———. *"Las fuentes del Romancero general".* III, *"Flor de varios romances nuevos. Tercera Parte. Textos de P. Moncayo y Felipe Mey (Madrid, 1593-Valencia, 1593)".* Madrid: Real Academia Española, 1957.

———. *"Las fuentes del Romancero general".* IV, *"Quarta y Quinta Parte de Flor de romances recopilados por Sebastián Vélez de Guevara (Burgos, 1592)".* Madrid: Real Academia Española, 1957.

Ruggieri, Ruggero M. *Nuove osservazioni sui rapporti tra il frammento di Roncesvalles a la leggenda rolandiana in Francia e in Italia.* Zaragoza: Publicaciones de la Facultad de Filosofía y Letras, 1956.

Ruiz Ramón, Francisco. *Historia del teatro español desde sus orígenes hasta mil novecientos.* Madrid: Alianza Editorial, 1967.

Sáinz de Robles, Federico. *Ensayo de un diccionario de la literatura.* Vol. I. Madrid: Aguilar, 1949.

Sánchez Cantón, Francisco Javier. "Un pliego de romances desconocidos, de los primeros años del siglo XVI", *Revista de Filología Española,* VII (1920), 37-46.

Sánchez, Thomas Antonio. *Colección de poesías castellanas anteriores al siglo XV.* Vol. I. Madrid: Antonio de Sancha, 1779.

Santullano, Luis. *Romancero español.* Madrid: Aguilar, 1968.

Sloman, Albert E. *The Dramatic Craftmanship of Calderón.* Oxford: The Dolphin Book Co., Ltd., 1969.

Smith, C. Colin. *Spanish Ballads.* Oxford: Pergamon Press, Ltd., 1964.

Stern, S. M. "A Romance on Galiana", *Bulletin of Hispanic Studies,* XXXVI (1959), 229-231.

Trend, J. B. *Juan Ramón Jiménez. Fifty Spanish Poems.* Oxford: The Dolphin Book Co., Ltd., 1957.

Unamuno, Miguel de. *Vida de Don Quijote y Sancho según Miguel de Cervantes Saavedra.* Madrid: Renacimiento, 1913.

Varo, Carlos. *Génesis y evolución del "Quijote".* Madrid: Ediciones Alcalá, 1968.

Vega Carpio, Lope de. *Comedias famosas del poeta Lope de Vega Carpio.* Editadas por Bernardo Grassa. Valencia: Gaspar Leget, 1605.

Vega, Ventura de la. *Don Fernando el de Antequera.* Madrid: Imprenta de Repullés, 1847.

Vossler, Karl. *Formas poéticas de los pueblos románicos.* Traducido por José María Coco Ferraris. Buenos Aires: Editorial Losada, 1960.

Visser, Gerard Johannes. *Layamon. An Attempt at Vindication.* Assen: Van Gorcum and Co., 1935.

Zamora Vicente, Alonso. *Lope de Vega. Su vida y su obra.* Madrid: Editorial Gredos, 1961.

———. "Juan de la Cueva", *Diccionario de literatura española.* 3.ª ed. Madrid: Revista de Occidente, 1964.

Zorrilla, Don José. *Obras completas. Dramas.* Madrid: Sucesores de Rivadeneyra, 1905.

Se terminó de imprimir
en Artes Gráficas Soler, S. A.,
de la ciudad de Valencia,
el 24 de diciembre de 1987